Erfolgsgeheimnis Zeiteinteilung

humboldt
Ratgeber

In der gleichen Reihe:

Erfolgsgeheimnis Zeiteinteilung

Von Helmut Dittrich

humboldt

humboldt-taschenbuch 624
Umschlaggestaltung: Christa Manner, München
Umschlagfoto: Eric Bach, Bildarchiv
Fotograf: Eric Bach

Hinweis für den Leser:
Alle Angaben sind von Autor und Verlag sorgfältig überprüft worden. Dennoch kann eine Gewähr nicht übernommen werden.
Die Namen aller Personen sowie Details in den Fallbeispielen sind frei gewählt. Eine Ähnlichkeit mit lebenden oder toten Personen wäre rein zufällig. Die Beschreibungen sind trotzdem realitätsgetreu, was Entwurf, Planung, Produktion und Dienstleistung im geschäftlichen und privaten Bereich angeht.

Druck: Presse-Druck Augsburg
Printed in Germany
ISBN 3-581-66624-3

1 2 3 * 92 91 90

Inhalt

Vorwort

Blicken Sie sich doch bitte einmal um; Sie werden feststellen, daß jeder Mensch ein individuelles Leistungsvermögen hat; die einen erreichen alles scheinbar mühelos, während sich die anderen ohne herausragende Ergebnisse abmühen, ihre Ziele, was Lebensqualität, Beruf und Privatleben betrifft, nicht erreichen. Ist unterschiedliche Intelligenz die Ursache?

In der Regel wohl nicht. Die einen haben gelernt, effektiv tätig zu sein, ihre Kräfte und ihre Zeit zielgerichtet einzusetzen, die anderen nicht. Aber – das läßt sich erlernen, dazu noch ohne größere Mühe. Sie brauchen nur den Ratschlägen und Erfahrungen anderer zu folgen beziehungsweise die Vorschläge dieses Ratgebers in die Tat umsetzen.

Die eigene Leistung zu steigern, mit weniger Aufwand, geringerer Kraft, mit einem Minimum an Zeit mehr zu schaffen – das alles schafft mehr Freiraum für die uns wichtigen Dinge. Ausgeruht zu sein, Freizeit zu genießen, neue Kraft zu schöpfen, ein gutes Buch zu lesen oder mal ins Theater zu gehen, mehr vom Leben zu haben, alles das ist zu gewinnen.

Die eigenen Arbeitsweisen umzukrempeln und neue leistungsfähigere zu gestalten ist ein Abenteuer, wie es nur noch wenige gibt, eine Aufgabe, lohnend wie kaum eine andere. Sie werden sich selbst besser kennenlernen und staunen, welche Fähigkeiten in Ihnen stecken.

Vor diesem Ergebnis steht aber ein langer Weg des Lernens und der Selbsterfahrung. Zeit ist ein flüchtiges, unwiederbringliches Kapital. Sie werden für sich feststellen müssen, wie und wo Zeit verlorengeht, wie ein persönliches Zeitmanagement aufzubauen ist, wie systematisch geplant wird und so Selbstbewußtsein und Gelassenheit gewonnen werden.

Beginnen wir also – heute, jetzt Schritt für Schritt das Erfolgsgeheimnis Zeiteinteilung zu untersuchen, uns anzueignen, es zu nutzen, damit wir morgen schon etwas mehr aus unserem Leben machen können.

Autor und Verlag

1 Wie können Sie Ihre Zeit besser nutzen?

Überlegen wir einmal, wie das Ziel, in weniger Zeit mehr zu erreichen, in die Tat umgesetzt werden kann, ohne Zwang, vielleicht auch ohne uns jetzt schon auf ein System festzulegen.

Wir werden sicher

- eine Situationsanalyse erstellen müssen,
- Gesamt- und Teilziele festlegen,
- Pläne erstellen und Entscheidungen treffen,
- Bewährtes suchen und in die Realisierung miteinbauen,
- mit anderen darüber sprechen, Erfahrungen austauschen,
- Schritt für Schritt Geplantes verwirklichen,
- wieder neue Informationen einbauen, das »System« verbessern,
- kontrollieren, ob wir erreicht haben, was wir wollten,
- wenn das nicht der Fall ist, »nachbessern«, auf alle Fälle aber kritisch sein und neue Verbesserungsmöglichkeiten suchen,
- unser System immer wieder anpassen, innovieren, und offen halten, um Veränderungen von außen und innen gerecht zu werden.

So werden wir – alles Bedeutende sieht zuerst wie ein Spiel aus – unser Erfolgskonzept finden, einen Plan, wie wir vorgehen müssen.

1.1 Ein allgemeines Erfolgskonzept in zehn Stufen

Wir stehen schon mitten drin, das Erfolgsgeheimnis Zeiteinteilung zu enträtseln.

Dazu ein Beispiel:

> *Hans kommt von einer humanistischen Schule, die er mit sehr gutem Ergebnis abgeschlossen hat. Er ist der typische Einser-Schüler, intelligent, lebhaft, mit einem erstklassigem Gedächtnis ausgestattet. Er hat also alle Voraussetzungen, um erfolgreich zu werden. Doch der Erfolg stellt sich nicht ein, obwohl Hans Tag und Nacht arbeitet. Er verzettelt sich trotz aller Anstrengungen und Arbeit immer mehr, es kommen keine greifbaren Ergebnisse heraus.*
>
> *Bis er mit einem erfahrenen älteren Freund über sein Problem redet, der sein Verhalten analysiert. In der Schule haben andere die »Arbeitsplanung« vorgenommen, Hans mußte nur lernen und Vorgegebenes bewältigen. Er hat nie gelernt, »ein System zu gestalten« oder, einfacher gesagt, »ein Problem zu lösen«.*

Von Hans' älterem Freund stammen die zehn Überlegungen der Einleitung, nun ist es für Hans an der Zeit, sie sich für ein allgemeines Erfolgskonzept anzueignen, ein Grundschema zu finden, das rundum einsetzbar ist und immer wieder und nun immer effektiver das gesteckte Ziel erreichen hilft.

Das Ergebnis:

1. Den Ist-Zustand feststellen, um die Ausgangsbasis zu fixieren.
2. Die Aufgaben voneinander abgrenzen, um sich nicht zu verzetteln.
3. Daten sammeln, um Chancen zu erkennen.
4. Viele Lösungen überlegen, um keine Möglichkeit auszulassen.
5. Den wirksamsten Lösungsansatz auswählen, um eine Basis zu haben.

6 Zusätzliche gute Gedanken einbauen, um das Konzept zu optimieren.

7 Die Lösung auf das Gesamtkonzept übertragen, um mehr zu erreichen.

8 Die Ergebnisse kontrollieren, um Schwächen festzustellen.

9 Mängel nachbessern, um die volle Leistung zu erreichen.

10 Weitere Verbesserungen überlegen, denn Entwicklungen bleiben nie stehen.

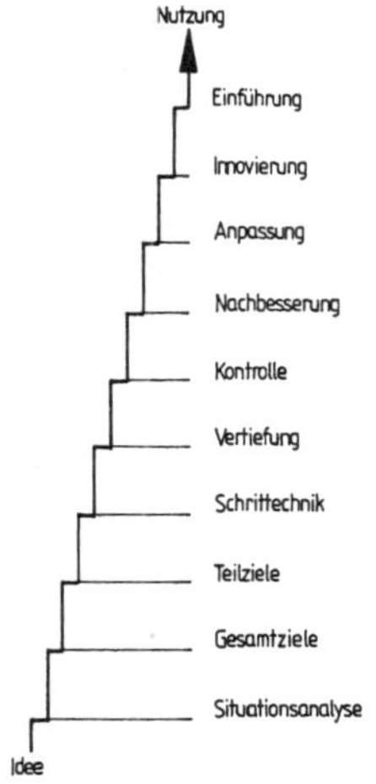

Stufenpläne bauen Schritt für Schritt auf, helfen, ein Ziel schneller und sicherer zu erreichen. Jede einzelne Stufe beinhaltet eine bestimmte Technik, die von der anderen Stufe abweichen kann. So lassen sich Erfahrungen übertragen, ohne daß die Beweglichkeit, die Variationsmöglichkeiten des Systems beeinträchtigt werden.

Was wir hier »erfunden« haben, ist nicht neu. Generationen von Fachleuten haben danach Systeme verbessert, Industrien und Verwaltungen aufgebaut, auch persönliche Probleme gelöst.

1.2 Fehler von heute – Ziele für morgen

Der Fehler von gestern, der Kardinalfehler bestand darin, daß wir Vorgegebenes lernten und glaubten, damit zurechtzukommen! Das wäre so, als wenn wir erwarten würden, in diesem Buch ein für alle Menschen und alle Berufe generell gültiges Rezept zu finden, wie Zeit gespart wird und wie dann alle anderen Wünsche zu erfüllen sind.

Auch Hans wurde so erzogen: Vorgabe, lernen, vielleicht noch verstehen, ausführen. Damit sind keine Probleme zu lösen. Zumindest keine, die ein intelligenter, aufstrebender Mensch lösen möchte und zu lösen hat. Das Ziel für morgen? Routinearbeiten kann der Computer besser, sicherer, schneller und billiger als jeder von uns erledigen.

▶ Das Ziel von und für morgen ist es, »lernen zu lernen«, wohl einen bewährten Ansatz zu übernehmen, ihn aber auch auf die persönlichen Bedingungen zuzuschneiden, ihn so zu gestalten, daß er *kybernetisch* funktioniert. Der Begriff kommt aus dem Griechischen: *kybernetes* ... der Steuermann. Kybernetik ist eine verschiedene Gebiete umfassende Forschungsrichtung, die sich mit dem Zusammenwirken verschiedener Systeme beschäftigt, mit dem Ziel der Optimierung der Regelkreisläufe beziehungsweise deren Selbststeuerung. Wir wollen also eine kybernetische Arbeitsmethodik, ein System aufbauen, das uns mit dem geringsten Aufwand hilft, nicht nur so viel wie möglich Zeit zu sparen, sondern auch unsere Kräfte so wirtschaftlich wie nur möglich einzusetzen.

1.3 Die Möglichkeiten, Zeit zu sparen

Niemand weiß genau, vor welchen Aufgaben er morgen stehen wird und wie er seine Zeit dann am »gewinnbringendsten« verwenden wird. Gewiß könnten wir hier schon eine Fülle von Anregungen geben (doch dazu erst später mehr, s. S. 29 ff.); doch die wichtigste Aufgabe ist es, diese Chancen selbst zu finden, durch Feinanalyse zu erarbeiten. Also nehmen wir hier wieder Bezug auf ein System, um es dann auszubauen und auf uns selbst zuzuschneiden:

1 Sammeln wir die Möglichkeiten, unsere Fragen zu beantworten in loser Folge, als Stoffsammlung. Es gilt zuerst einmal, das »Was« zu erfassen, und zwar möglichst lückenlos.

2 Die zweite Frage beschäftigt sich mit dem »Warum«. Wir bringen die Stoffsammlung zu dem Was-Bereich in eine logische Reihenfolge und fügen das »Warum« als Schwerpunkt dazu.

3 Jede Frage und Aussage wird nun durch das Was und das Warum analysiert. Fehlt nur noch das »Wie«. Wie kommen wir zu der Einzellösung? Wie »zergliedern« wir die Aufgabe so, daß wir Schritt für Schritt die beste Lösung finden?

Auch diese »Arbeitszergliederung« ist nicht neu, sie gehört heute zum Handwerkszeug überall dort, wo noch mehr Zeit gespart werden muß.

▶ Wer sich mit dem »Was, Wie und Warum« einer Sache intensiv beschäftigt, der wird gezielt Möglichkeit um Möglichkeit finden, ein »System« zu verbessern.

1.4 Welches sind die wirksamsten Methoden, Zeit zu sparen?

Drei haben wir schon kennengelernt:

1 Die einfache »Gedankensammlung«, um ein Problem zu lösen, in unserem Fall in allgemeines Erfolgskonzept zu entwickeln. Sicher ist der eine oder der andere Gedanke dabei, der sofort wirksam realisiert werden kann.

2 Aus der Gedankensammlung eine »Methode« zu entwickeln, eine sinnvolle Reihenfolge, eine Ordnung, um Schritt für Schritt vorzugehen. Jeden »Kernpunkt« hinterfragen wir nach dem Warum, um von da aus zur Lösung zu kommen.

3 Die »Aufgabenzergliederung« enthält nun in der richtigen Reihenfolge das Was und das Warum; nun wird das Wie, die Art der Ausführung hinzugefügt, um unser persönliches Erfolgskonzept zu schaffen.

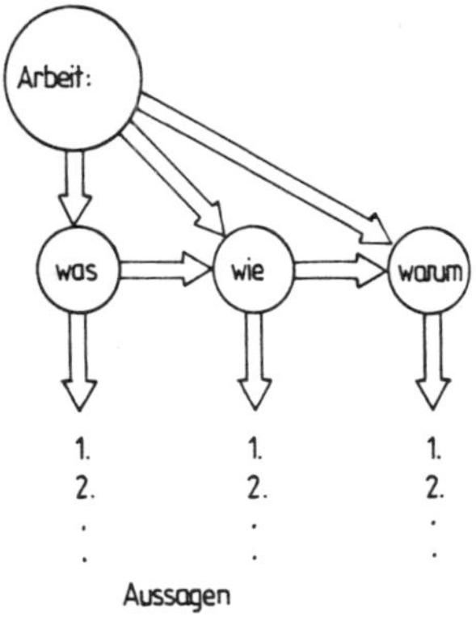

Grundschema der Arbeitszergliederung

Eine Arbeitszergliederung nach den Fragen: »Was ist durchzuführen?«, »Wie ist vorzugehen?« und »Warum so und nicht anders?« hat die Aufgabe, einen größeren Komplex so zu gliedern, daß Details optimiert und diese gleichzeitig in das Ganze eingefügt werden können. Die Arbeitszergliederung ist nicht nur eine der wesentlichen Maßnahmen in der Unterweisung, sondern unverzichtbar für die Verbesserung aller Vorgänge.

Für Hans hat diese »Lehre« genügt, um »System« in seine Arbeit zu bekommen, seinen Erfolg praktisch »explodieren« zu lassen. Einem klugen Menschen ein fix und fertiges Konzept unterzuschieben bedeutet doch nur, seine Möglichkeiten, sein Können zu mißachten, ihn für unmündig zu halten und zu verhindern zu versuchen, daß er sich eine neue Arbeitsweise aneignet, mit der er sich identifiziert und die ihm immer wieder hilft, schneller und besser voranzukommen.

1.5 Die Effektivität nach Rang und Reihenfolge bewerten lernen

Hierarchisierungen können nach den verschiedensten Gesichtspunkten aufgebaut werden. Wir haben hier zuerst Lösungen gesucht, die schnell und problemlos realisierbar sind und raschen Erfolg bringen. Oft führt erst der »Soforterfolg« dazu, daß der so offensichtlich vorteilhafte Weg überhaupt fortgesetzt wird. Aber um unser Ziel, über eine bessere Zeiteinteilung mehr Lebensqualität zu erreichen, wirklich voll und ganz zu realisieren, dazu gehört doch etwas mehr.

Hierarchisierungen haben die Aufgabe, Vorgänge zum Beispiel nach Wichtigkeit oder dem idealen Ablauf zu ordnen. Sie sind nicht nur ein unverzichtbares Hilfsmittel der Rationalisierung, sondern auch einer jeden Planungs- und Optimierungsaufgabe. Hier wurden Elemente der Effektivitätssteigerung aufgereiht, bei anderen Hierarchisierungen kann es zum Beispiel um die Stufen zu einem beruflichen Aufstieg gehen.

Führen wir – natürlich noch nicht vollständig – unsere Hierarchisierung (von Seite 16) fort:

4 Der eigene »Leistungsrhythmus« muß erforscht werden, denn unsere Leistungsfähigkeit differiert zu verschiedenen Zeiten des Jahres, der Woche, ja des Tages oft sehr erheblich. Wir müssen deshalb lernen, die »innovativen« und die »Routinezeiten« getrennt zu nutzen!

5 Nach diesem Leistungsrhythmus ist die »Leistungsorganisation« aufzubauen; unsere Arbeit ist unseren Hochs und Tiefs anzupassen; zudem müssen wir aber auch die idealen Instrumente, das Handwerkszeug haben, um das zu schaffen, was wir anstreben.

6 Die »Arbeitstechniken« helfen uns, unsere eigenen Möglichkeiten, aber auch technisches Gerät besser als bisher zu nutzen. Zu den Arbeitstechniken gehört aber auch die, uns selbst bei Laune zu halten!

7 Die »Menschenbeeinflussung« ist dabei sehr wichtig. Wie oft scheitern wir an einer Person, mit der wir nicht zurechtkommen oder die wir einfach nicht richtig behandeln. Teamwork muß gelernt werden!

8 Die »Delegation von Aufgaben« ist nicht nur für Führungskräfte von großer Bedeutung, sondern für jeden von uns. Wir müssen lernen, andere für unsere Arbeit zu begeistern, damit sie mit uns arbeiten und gegebenenfalls einiges abnehmen oder uns Tips geben können.

9 Die Ausschaltung von »Störungen« ist für unsere körperliche und seelische Gesundheit von großer Bedeutung. Abschirmung ist immer dann absolut nötig, wenn große Leistungen zu vollbringen sind.

10 Die »Generallinie« halten! Oft kann es sehr gut sein, in eine Sache viel Zeit zu investieren, um zum Ziel zu kommen. Manche erfolgreiche Menschen haben ihr ganzes Leben lang nur ein Ziel verfolgt. Ohne die große Linie zu beachten, werden Sie Durchschnitt bleiben. Wollen Sie das?

Wir haben nun zehn Methoden, Zeit zu sparen, angesprochen, natürlich gibt es noch mehr Methoden, auch Untergruppen, die hier und da – je nach Einzelfall – einen besonderen Effekt haben können.

- Hätten Sie die gleiche Reihenfolge gewählt?
  Ist Ihre Hierarchisierung eine andere?
  Dann nehmen Sie einen Rotstift, und numerieren Sie bitte die Reihenfolge um, so daß Ihre persönliche Hierarchisierung entsteht. Schreiben Sie auch auf dem Rand Punkte dazu, die hier nicht aufgeführt sind und die Sie für wesentlich halten – die Sie für sich ausarbeiten wollen.

1.6 Die Vorteile der einzelnen Zeitsparmöglichkeiten kombinieren

Gewiß, Sie werden mit jeder der genannten zehn Methoden einiges erreichen. Vielleicht mehr, als Sie sich erträumt haben. *Aber:* Erst in der Kombination zeigen Zeitsparmethoden, was machbar ist. Wir haben ja ebenfalls bereits kombiniert, haben die Entwicklung einer Arbeitszergliederung mit Stoffsammlung, Rangreihenfolge, dem Was, Wie und Warum so gezeigt, daß das Grundprinzip herauskam, auf dem jede Leistungssteigerung aufgebaut ist, die Ihnen letztlich freie Zeit bringen muß.

Um Ihre Leistung effektiv zu steigern, müssen Sie wissen, wann Sie Ihre kreativsten Zeiten am Tag haben:

- Die innovative Zeit sollte heilig sein, denn in dieser wird das geschaffen, was Zukunft bringt.
- Sie müssen deshalb eine Zeitplanung haben, Arbeit delegieren, Ihre Leistungskurve kennen und sich motivieren.
- Sie haben gerade Prioritäten gesetzt, Ziele formuliert, die »Zeitdiebe« verscheucht, Überlegungen angestellt, Prinzipien entwickelt, Methoden und Techniken abgewogen und Entscheidungen getroffen.

Wenn Sie so, wie gerade gezeigt, kombinieren, werden Sie sicher mehr als bisher erreichen. Oder sind das alles nur Träume?

1.7 Von der idealtypisch-abstrakten Vorgehensweise zur machbaren

Leider richtet sich unser Tagesablauf nicht immer nach unseren Wünschen. Wir haben Pflichten, Verpflichtungen, Arbeitszeiten, die wir kaum beeinflussen können. Wir müssen von der idealen

Arbeitsweise zur machbaren, vom Traum zur Wirklichkeit kommen. Müssen wir das wirklich, oder ist das eine Ausrede?
Es ist eine Ausrede.
Die großen Werke unserer Zeit sind von Menschen geschaffen worden, die viele Verpflichtungen hatten, sicher mehr als wir. KAFKA, SCHILLER, viele Musiker, ja selbst GOETHE haben ihre Werke zusätzlich geschrieben, neben dem Broterwerbsberuf – zumindest bis sie berühmt waren... Wenn wir die Bedingungen – und der Broterwerb ist für die meisten von uns eine unerläßliche Notwendigkeit – nicht ändern können, dann müssen wir uns ändern. Dies ist zwar oft nicht einfach, aber es ist möglich und schafft uns Freiräume.
Nehmen wir mal an, Sie wollen eine außerordentliche Leistung vollbringen. Ein Buch schreiben, eine wissenschaftliche Arbeit, ein Werk schaffen. Dann werden Sie aufstehen müssen, wenn die anderen noch schlafen, und immer noch arbeiten, wenn die anderen schon schlafen.

▶ Wenn Sie zweimal eine Stunde am Tag konzentriert arbeiten können, dann wird auch das größte Werk mit der Zeit fertig.

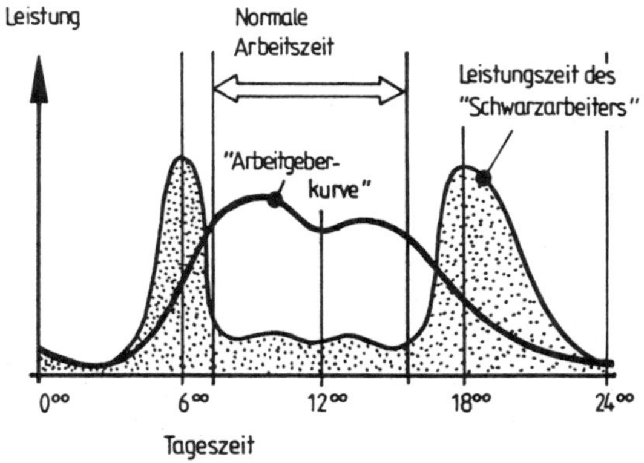

Feststellung des Leistungsoptimums: Arbeitgeber hätten es sicher gerne, daß das Leistungsoptimum ihrer Mitarbeiter in der normalen Arbeitszeit liegt. Weil dort aber vorwiegend Routinearbeit ausgeführt wird, werden diese nur einen Teil ihrer Leistungskapazität in dieser Zeit brauchen. Die »Schwarzarbeiter-Leistungskurve« entsteht, bei der die Höhepunkte außerhalb der normalen Arbeitszeit liegen. In dieser Zeit sind aber für die Unternehmen schon wesentliche Planungen entstanden, kreative Menschen haben neben dem Brotberuf in dieser Zeit bedeutende Arbeiten geschaffen.

Sie werden merken, daß das Wunder geschieht... Sie müssen nur lernen, sich konsequent Tag für Tag zur gleichen Zeit zu konzentrieren. Am Anfang wird das schwer sein, später immer leichter fallen. Vielleicht – viele außerordentliche Menschen haben das durchgehalten – können Sie so die Zeit für die Erfüllung einer außerordentlichen Aufgabe gewinnen. Sie werden sich immer nach bestimmten Notwendigkeiten zu richten suchen, sich anpassen müssen, wenigstens etwas. Aber warum sollen Sie nicht die Möglichkeiten nutzen, ein Gesamtsystem – und die Zeit ist eines der ganz großen –, zu überlisten?

1.8 Die Einführung eines guten Selbstmanagements will gelernt sein

Wenn alles so einfach wäre, dann würde wohl jeder ein Vielfaches seiner heutigen Leistungsfähigkeit erreichen. Es ist indes erwiesen, daß allein der Einsatz der wesentlichen Zeitmanagement-Techniken dazu verhilft.
Woran scheitern die diesbezüglichen Bemühungen? Ganz einfach

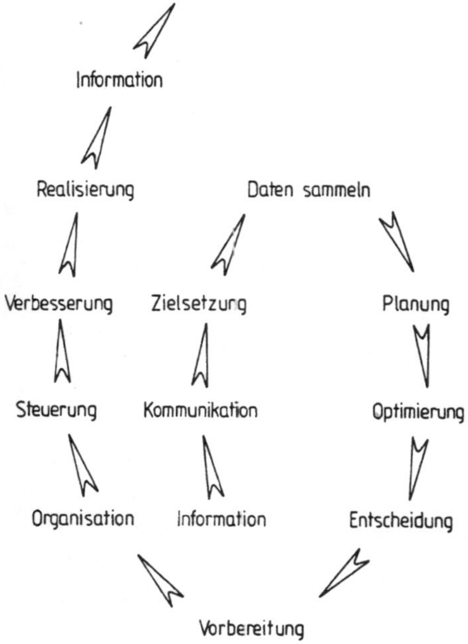

Die Selbstmanagement-Spirale: Das Leben verläuft spiralförmig. Ein Teil dieser Spirale – vom aufsteigendem Teil – ist die des Selbstmanagements. Sie besteht aus 12 Stufen, die nach einmaliger Umsetzung in verbesserter Form wiederholt werden, bis wir ein Maximum an Leistung und Erfolg erreicht haben.

an der zur Verfügung stehenden Zeit. Die alte Methode frißt alle Kraft, so daß zur Umstellung, zum Nachdenken darüber, zur Entwicklung neuer Lösungen die Zeit fehlt. Ein Teufelskreislauf!
Wie kann man ihn durchbrechen? Wenn es uns nicht gelingt, einige Stunden in der Woche freizukämpfen, dann werden wir immer der Sklave, die Sklavin unseres Zeitmangels und Termindruckes sein – Symptome, die letztlich nur aufzeigen, daß wir die uns zur Verfügung stehende Zeit falsch oder gar nicht einteilen und so in Bedrängnis geraten. Der folgende Zeitsparplan kann – richtig angewendet – hier Abhilfe schaffen: Mit der Präsentation fix und fertiger Zeitspartechniken ist Ihnen nicht geholfen! Sicher ist das eine richtige, wirksame Methode, bringt sie doch »Insellösungen«, die den Druck so weit reduzieren, daß Zeit für wichtigere Überlegungen frei wird. Auch in diesem Buch werden solche Techniken vorgestellt werden, doch alles zu seiner Zeit.

Zeitfresseranalyse		vom:	Zeitraum:
Pos.	Zeitverlust	Ursache	Gegenmaßnahmen

Ein Zeitsparplan kann auch als »Zeitfresseranalyse« bezeichnet werden. Bei beiden werden die Zeitverluste festgestellt, die Ursachen analysiert, die Gegenmaßnahmen festgelegt. Derartige Hilfen können allein schon so viel Zeit einsparen, daß wichtige Arbeiten nicht mehr nach Feierabend erledigt werden müssen.

▶ Denn wir wollen mehr. Wir wollen nicht nur erfolgreiche Erfahrungen anderer übernehmen, Arbeitstechniken einsetzen, sondern selbst Zeiteinteilmethoden, Zeitspartechniken erarbeiten und sie so auf uns zuschneiden, daß wir damit viele Ziele erreichen können. »Springen« wir voll in die Aufgabenstellung »hinein«!

1.9 Die neue Zeiteinteilung: Soll-Ist kontrollieren

Wir haben uns doch ein Erfolgskonzept erarbeitet? Warum wenden wir es nicht an?
Wenn wir Schulwissen anwenden wollten, müßten wir schön brav bei 1 beginnen und bei 10 enden, also ein System nach Schema F abarbeiten. Sicher wäre das erfolgreich, wenn wir das durchhalten würden. Um eine derartige Arbeit durchzustehen, müßten wir viel Zeit haben, jemanden, der uns abschirmt, abdeckt, in Ruhe längere Zeit arbeiten läßt.
Aber kaum ist ein System geschaffen, muß es wieder gesprengt, die Reihenfolge umgestellt werden. Das würde laufende Arbeit an der Systematisierung unseres Konzeptes bedeuten.

► Wir sind aber Privatleute mit begrenzten Möglichkeiten, wir wollen und müssen schnell Erfolge zeigen!

Übrigens – im Unternehmensbereich ist es keineswegs anders. Wenn Sie als Berater ein gutes Konzept ausarbeiten, so wird das oft erst in zwei Jahren in Form von Gewinnen wirksam. Natürlich werden Sie deshalb nicht auf ein Gesamtkonzept verzichten, aber Sie werden es nur Schritt für Schritt verwirklichen können.

Nun beginnen Sie bitte folgendes, wobei die Checkliste, die Skizzen und die Tabellen helfen sollen:

1 Erstellen Sie eine Stoffsammlung dazu, wie Sie meinen, Zeit sparen zu können.

2 Schreiben Sie in der ersten von drei Spalten auf ein Blatt auf, was Sie heute tun. Das ist das Was.

3 In die zweite Spalte schreiben Sie, warum Sie diese Aufgabe erfüllten. Oft wird sich zeigen, daß der Aufwand überflüssig war oder ein anderer die Arbeit hätte ausführen können.

4 In die dritte Spalte schreiben Sie, wie Sie das ändern wollen. Kurz, knapp, aber doch vollständig.

5 Dann nehmen Sie ein neues Blatt, schreiben in die erste, die Was-Spalte, Ihren neuen, verbesserten Plan.

6 Nun rechnen Sie bitte aus, wieviel Zeit Sie gespart hätten, wenn ... Überlegen Sie, wie das Soll und das Ist morgen auszusehen haben.

Und übermorgen wieder! Und wieder! Das nennen wir Optimierung.

Was war unsere erste Frage?

»Wie komme ich besser mit meiner Zeit zurecht?«

Die Antwort:

» »Ich lerne, meine Arbeitsweise zu ändern, meine Zeit zu planen, den Ablauf zu steuern, die Ergebnisse zu kontrollieren!«

CHECKLISTE:

Was zu lernen ist, um Zeit zu sparen

Vieles von dem, was an Wissen und Können zur Zeiteinsparung nötig ist, beherrschen Sie bereits. Nun müssen Sie auch konsequent die Ausführung anpacken!
Die folgende Checkliste zeigt die wesentlichen Techniken, die Sie beherrschen müssen. Kreuzen Sie bitte das Ja an, wenn Sie sicher sind, die genannte Möglichkeit ausgeschöpft zu haben.

Pos.	Was Sie lernen oder schon können müssen	Ja
1	Haben Sie einen klaren, eindeutigen Lebensplan mit erreichbaren Zielen?	
2	Wissen Sie genau, was Sie innerhalb von einem Jahr erreichen wollen?	
3	Haben Sie einen klaren Plan für den heutigen Tag?	
4	Bereiteten Sie gestern die Arbeit für heute so vor, daß Sie morgens zügig anfangen konnten?	
5	Haben Sie eine Abhak-Liste für Unerledigtes, um die Durchführung doch noch zu erreichen?	
6	Organisierten Sie in letzter Zeit Ihren Arbeitsplatz neu, um effektiver zu arbeiten?	

Pos.	Was Sie lernen oder schon können müssen	Ja
7	Nutzen Sie nicht nur neue Techniken, sondern auch arbeitssparende Geräte?	
8	Haben Sie ein Hierarchisierungskonzept nach Bedeutung und Dringlichkeit der Arbeiten?	
9	Nutzen Sie die Hochs in der Leistungsfähigkeit für die wichtigen Arbeiten?	
10	Sind Sie stets bereit, mit Menschen zusammenzuarbeiten und Aufgaben weiter zu geben?	

Wie viele Ja's haben Sie in klarer Überzeugung abhaken können, wie viele Zeilen sind leer geblieben? Wenn nur eine offen blieb, haben Sie bereits eine bedeutende Chance, viel Zeit für bessere Dinge einzusparen!
Ich gratuliere, Sie haben eben eine Chance erkannt.

Das Stichwort: Warum müssen wir mehr Zeit einsparen?

Diese Frage überschneidet sich mit der, weshalb wir eine Laufbahn, eine Karriere anstreben. Wir brauchen dort die Zeit, Erfolg und Einkommen zu haben, uns Wünsche erfüllen zu können.
Die Hierarchisierung wird, und das ist gut so, bei jedem Menschen etwas anders sein. Ganz gleich, ob im beruflichen oder im privaten Leben!

Hier einige »Zeitsparziele«:

1. Sie wollen mehr Zeit für die schönen Dinge des Lebens haben – schick ausgehen, bummeln, lesen, oder was sonst gefällt.
2. Ihr Wunsch ist es, eine bessere berufliche Stellung zu erreichen – Sie müssen lernen, üben, Zeit für die Fortbildung aufwenden.
3. Sie müssen sich im Unternehmen gegenüber der besser ausgebildeten Konkurrenz, gegen Jüngere durchsetzen. Sie brauchen Zeit, um höhere Leistungen zu erreichen.

4 Sie haben Familie, Beruf, Weiterbildung zu bewältigen. Wie schön wäre es, wenn für die Kinder neben diesen Aufgaben und der Last des Haushaltes mehr Zeit bliebe.

5 Sie haben den Wunsch, mehr zu leben, wenigstens eine Stunde am Tag. Mehr Freiheit für sich selbst zu haben. Dann müssen Sie diese Stunde irgendwo einsparen.

Schreiben Sie bitte nun fünf individuelle, persönliche Ziele auf, die Sie mit Hilfe der eingesparten Zeit erreichen wollen; Ziele, die es wert sind, darüber nachzudenken, zu planen, zu organisieren, sich selbst und die eigenen Gewohnheiten umzukrempeln. Schaffen Sie sich bitte Motive, wichtigere und weniger wichtige! Motive sind angenehme, zwingende, bestechende und wunderbare Vorstellungen, mehr aus dem eigenen Leben zu machen, es reicher, interessanter, wertvoller, nützlicher werden zu lassen.
Um das zu erreichen, müssen wir nun lernen, mit unserer Zeit ökonomischer, gezielter, überlegter umzugehen.

2 Die persönliche Zeitplanung verbessern!

Wir haben zuerst allgemeinere Überlegungen angestellt, daraus ein Erfolgskonzept in zehn Stufen entwickelt, an das wir uns, wenn auch nicht sklavisch, halten wollen. Es gibt das Gerüst vor, wir müssen es noch mit Inhalt füllen. Wir haben deshalb eine der bewährten, wirkungsvollen Methoden eingesetzt, das Problem zu durchdringen: die Arbeitszergliederung – zugeschnitten auf unsere persönlichen Fragen.

Auf die erste Frage, wie mit der vorhandenen Zeit besser zurechtzukommen ist, folgt nun die zweite:

Wie schaffe ich anwendbare Planungsgrundlagen für eine bessere Nutzung meiner Zeit?

2.1 Positive Eigenschaften als Basis nutzen

Ein erster Rahmen ist überlegt – wie passen wir hinein? Wir haben in unserem Verhalten und folglich in den Arbeitsweisen Stärken und Schwächen.

Nehmen Sie ein Blatt Papier, und unterteilen Sie es in der Mitte durch einen Strich; schreiben Sie links Ihre Stärken, rechts die Schwächen auf!

► Nun verfallen Sie ja nicht darauf, Ihre Schwächen ausgleichen zu wollen! Es ist viel einfacher, die Stärken zu verstärken.

Wenn Sie ausdauernd sind, dann sollten Sie auf konsequente, zähe Arbeit setzen, mit der Sie Schritt für Schritt Ihr Ziel erreichen. Wenn Sie morgens um fünf Ihre kreative Stunde haben, dann ist diese systematisch »auszubeuten«. Wir haben uns ja schon Gedanken durch den Kopf gehen lassen, daß wir unser Leistungsoptimum besser nutzen müssen! Wir sind bisher gemanagt worden und mußten eben die Fähigkeiten nutzen, die für die Bewältigung der Aufgaben nun einmal nötig waren. Sind das immer unsere besten Fähigkeiten gewesen?

	Arbeitsanalyse: Tätigkeits- und Zeiterfassung				nötig T	gut Z	richtig A	sinnvoll
Nr.	Tätigkeit	Zeitdauer von	bis	min	Anm.:			
	Summe				% Ja:	%	%	%

Mehr noch als die Analyse der »Zeitfresser« kann die der Arbeitsgänge selbst bringen. Es wird die Zeitdauer der Arbeit festgestellt, dabei untersucht, ob die Arbeit nötig, der Zeitaufwand gerechtfertigt, die Ausführung richtig und zweckmäßig, der Zeitpunkt der Ausführung sinnvoll waren. Prozentzahlen zeigen, wie weit unsere Ziele erreicht wurden. Mit dieser Unterlage ist es möglich, den eigenen Zeitbedarf wie auch den von Mitarbeitern systematisch zu verbessern, in diesem Falle zu reduzieren.

► Zeit, die wir gewinnen, werden wir in unseren stärksten Bereichen einsetzen, in denen unsere Begabungen und die Schulung uns zu außerordentlichen Leistungen befähigt!

2.2 Wissen, wo die Zeit geblieben ist

Nehmen Sie an, Sie haben eine Tischlerei, eine Werkstatt. Die Effektivität genügt nicht, um auf Dauer bestehen zu können, und Sie sind verantwortlich. Stellen Sie sich vor, Sie sind der Tischlermeister. Was machen Sie? Sie legen sich einen Wochenzettel mit Stundeneinteilung an, zum anderen eine Liste mit zehn Tätigkeitsbereichen, zum Beispiel an der Maschine arbeiten, an der Werkbank arbeiten, Zeichnungen lesen, transportieren, nicht vorhanden sein, bummeln, kurzum die zehn Problemkreise, die Sie interessieren.

Sie haben zehn Mitarbeiter. Sie gucken nun in die Werkstatt und sehen nur acht, drei transportieren, fünf arbeiten an den Maschinen. Das bedeutet drei Striche, zwei Striche, fünf Striche in den entsprechenden Spalten.
Wenn Sie nun zehnmal geprüft haben, zu verschiedenen Zeiten, stellen Sie fest, daß 20 Prozent Ihrer »Mannen« immer nicht auffindbar sind, 30 Prozent transportieren, 50 Prozent an den Maschinen arbeiten.
Natürlich sind noch zu wenige Aussagen vorhanden, aber lassen Sie sich das gefallen, obwohl die »Sache statistisch noch nicht einwandfrei ist«?

Tagesplan vom:		
Zeit	Termine, Tätigkeiten	Anmerkungen
8^{00}		
9^{00}		
10^{00}		
11^{00}		
12^{00}		
13^{00}		
14^{00}		
15^{00}		
16^{00}		
17^{00}		
18^{00}		
19^{00}		
20^{00}		
Zu übertragen:		
Privat:		
Anm.:		

Das Bild zeigt einen Tagesplan in Loseblattform. In den Stundenbereichen werden die zu erwartenden Tätigkeiten eingetragen. Zum anderen läßt sich der Tagesplan auch als Kontrollplan auswerten, denn er beinhaltet den Zeitbedarf der verschiedenen Tätigkeiten. Tagespläne sind Hilfen, mehr Ordnung und Leistung im Tagesablauf zu erreichen.

- Sie wissen nun, wo die Zeit geblieben ist. Wenn Sie nun wissen wollen, wo die eigene Zeit hingeht, so müssen Sie aufschreiben, was Sie wann und wie lange getan haben.
- Es führt kein Weg daran vorbei. Nur wenn Sie wissen, wie Sie Ihre Zeit verwendet haben, können Sie ein echt wirksames Konzept aufbauen, Zeit einzusparen.
- Bei alledem dürfen Sie aber das sinnvolle Zeitmanagement nicht aus den Augen verlieren.

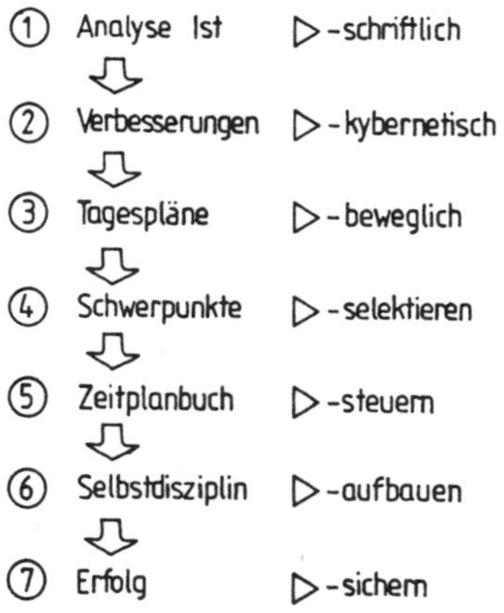

Die sieben Stufen des Zeitmanagements und ihre Schwerpunkte. Zeitmanagement kann für die eigene Person von größter Bedeutung sein; hier sind Schritt für Schritt die Vorgänge mit ihren Hilfsmitteln zu nutzen. Zum anderen sind, rechts angeordnet, die zum Zeitmanagement erforderlichen Eigenschaften äußerst wichtig. Analog der eigenen »Rationalisierung« wird die im Unternehmen durch den Multiplikationseffekt eine ungleich größere Bedeutung erlangen.

2.3 Den eigenen Leistungsrhythmus besser verstehen

Wir wissen bereits, daß der eigene Leistungsrhythmus im Tages- und Wochenablauf sehr unterschiedlich ausgebildet ist, wir also zu verschiedenen Zeiten bei gleichem Bemühen unterschiedliche Leistungen bringen.
Gut, jeder sollte seinen Leistungsrhythmus genau studieren, wenn nötig durch entsprechendes Training verändern.

Aber der Leistungsrhythmus allein bestimmt noch lange nicht, was als Ergebnis herauskommt.

Da ist die Ermüdung, die unter anderem folgende Ursachen hat:

1 Wir ermüden zu verschiedenen Tageszeiten (und auch Jahreszeiten, Wochen, Monaten, Altersphasen) unterschiedlich schnell.

2 Die Umwelt – Hitze, Staub, Lärm usw. – trägt erheblich zur Ermüdung bei.

3 Mehrere kurze Pausen gleicher Länge haben eine größere Erholungswirkung als eine einzige lange Pause.

4 Wenn die Ermüdungszustände durch Schlaf nicht abgebaut werden, kommt es früher oder später zu einem Leistungszusammenbruch.

Sehen Sie sich bitte die folgende Skizze an!

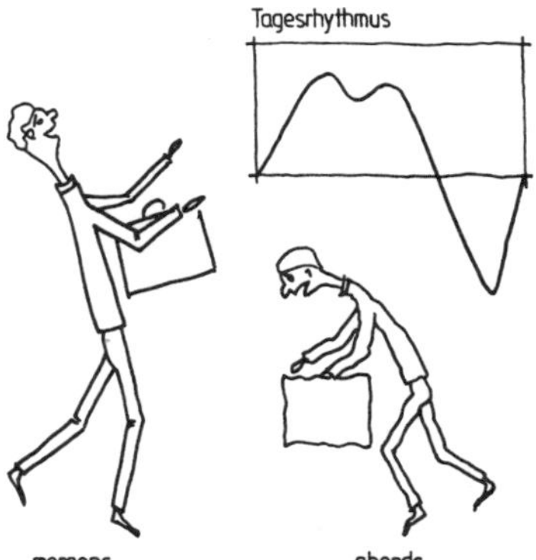

Gleich, wie unser Tagesrhythmus aussehen mag – die wesentlichen Arbeiten, vor allem die kreativen sollten in den Zeiten unseres »persönlichen Hochs« erfolgen. Zum anderen wirft es kein gutes Zeichen auf uns und auf unsere Fähigkeit der Arbeitsorganisation, wenn wir so müde wie unser Mann auf der Zeichnung aus der Arbeit heimkommen . . .

► Stellen Sie Vergleiche zu Ihrem eigenen Verhalten und zu dem Ihrer Mitarbeiter auf! Die Erforschung des eigenen Leistungsrhythmus ist eine der wesentlichen Grundlagen, zusätzliche Leistung zu bringen – und Zeit zu gewinnen.

2.4 Stunden, Tage, Wochen – das eigene Leben besser planen

Ziel unseres Denkens muß sein, unser Leben und damit die Verwendung unserer Zeit, sehr ernst zu nehmen. Zeit ist mehr wert als Geld, nicht käuflich und nicht aufzubewahren; sie vergeht unwiderruflich und kontinuierlich.

Mit Geld gehen wir sorgsam um, mit Zeit oft verschwenderisch – weil eine Übersicht, weil Prioritäten und Planungen fehlen, werden oft nur ein Viertel und weniger der menschlichen Leistungsfähigkeit genutzt.

Wir fühlen uns von Zeitnot und Streß so bedrängt, daß wir richtig »rotieren« und am Arbeitsende so müde sind, daß wir die Freizeit nicht mehr genießen können. Die Familie klagt, daß sie immer nur die erschöpfte Mutter oder den mürrischen Vater zu Gesicht bekommt.

Wir werden vor allem von der Routine so bedrängt, daß für Kreativität und Innovation scheinbar keine Zeit mehr bleibt. Wir werden »gemanagt«, anstatt über ein Zeitmanagement die Zeit zu beherrschen.

► Es ist unumgänglich, eine Stunden-, Tages- und Wocheninventur durchzuführen, nachzudenken, wie wir aus diesem Zwang herauskommen.

2.5 Zu Routineaufgaben ständig Neues, Kreatives hinzufügen

Uns freizukämpfen und uns ein Lebenskonzept mit mehr Freiraum aufbauen zu können bedeutet eine neue, größere Anstrengung. Vor allem brauchen wir Gelassenheit, um für uns existentielle Belange verwirklichen zu können. Gelassen ist aber letztendlich nur der, der seinem Leben Sinn und Richtung gibt.

Natürlich sind Routinearbeiten wesentlich, auch sie müssen erledigt werden. Aber weiterbringen werden Sie nur die kreativen Arbeiten.

Dazu einige Überlegungen:

- Wer zuviel arbeitet, hat keine Zeit zum Träumen, er wird kein Charisma und keine Kreativität entwickeln können.
- Wer unter Zeitdruck steht, der kann kaum freundlich sein, sich Menschen gewogen machen, Freunde und Partner gewinnen.
- Wer gehetzt wird, hat keine Zeit zum Leben, findet keinen Sinn; damit verpaßt er wohl das Wichtigste, was Menschen erreichen können.
- Wer von einer unerträglichen Arbeitslast niedergedrückt wird, dessen Lebensfreude wird zerstört.
- Wer voller Angst an das Morgen denkt, der ist verkrampft, der wird weder spielen noch fröhlich sein können noch nachts gut schlafen.
- Wer wie ein Sklave für den Erfolg kämpft, der wird weder Zeit zum Lesen haben noch Zeit zum Nachdenken, der wird seine Kraft verlieren und sein Ziel nie erreichen.

Wer seine Zeit, sein Leben nicht in den Griff bekommt, der wird die Stunde Kreativität am Tage nicht finden, die uns weiterbringt, uns Zufriedenheit und ein Vorankommen schafft.

▶ Also: Schaffen Sie sich täglich eine Stunde Platz für Kreativität, und sei es um den Preis einer neuen, großen Anstrengung, um Ihr Zeitmanagement entsprechend zu gestalten.

2.6 Kurz- und langfristig mit Schwerpunkten planen

Wissen Sie, wie ein Unternehmen rationalisiert wird? Man stellt Arbeitsstudien auf, dann werden Sekunden oder Teile von Sekunden je Arbeitsgang eingespart. Zusammengefaßt ergibt dies dann eine beachtliche Menge.

Stellen Sie also für sich selbst eine derartige Arbeitsstudie auf! Stellen Sie fest (wir werden das mit dem Zeittagebuch durchführen), wie Sie Ihre Zeit verwenden. Sie werden viele einzelne Bereiche finden, bedeutende und unbedeutende.

Nun gibt es zwei Möglichkeiten, vorzugehen:

1 Einmal, Sie nehmen sich das größte Problem vor, bei dem die Anstrengung groß, dafür aber viel Erfolg zu erreichen ist.

2 Zum anderen, Sie nehmen sich den Bereich vor, wo Sie sofort eine Lösung zur Verfügung haben, die peiswert ist, schnell durchführbar und von nicht zu unterschätzendem Effekt.

Meist werden Sie sich für den zweiten Fall entscheiden. Diese Arbeiten können oft die »Zeitdiebe« sein, vor allem die Störfaktoren, die eine kontinuierliche Arbeit unmöglich machen.
In beiden Fällen wurden Schwerpunkte gebildet, die nach einer Rangreihenfolge geordnet wurden. Dabei können die ausgewählten Kriterien jedoch sehr unterschiedlich sein.

2.7 Ein Zeitbudget erstellen und ständig verbessern

Es gibt eine Vielzahl von Zeitbudgets. Auch hier, in diesem Buch, wird ein Zeitbudget angewandt:

Dieses Buch hat rund 160 Seiten, für die Ausarbeitung selbst wird je Seite eine Stunde gebraucht. Für die Konzeption, das Lesen von Literatur, für alle Vorarbeiten, für die Korrektur der Fahnen und des Umbruches ist ein Faktor fünf einzusetzen. Um eine Seite schreiben zu können, müssen zusätzlich zu der eigenen Erfahrung 100 Seiten gelesen worden sein.
Das bedeutet 160×5 = 800 Stunden, die als Zeitkapazität gebraucht werden. Soll es in einem Jahr fertig werden, muß je Tag rund eineinhalb bis zwei Stunden daran gearbeitet werden.
Wir haben je Arbeitstag rund drei Stunden Freizeit. Wenn der Termin nicht eingehalten werden kann, dann muß eben am Sonntag nachgearbeitet, nachgeholt werden. So schaffen Sie pro Jahr ein Buch.
Das Zeitbudget umfaßt für ein Jahr jeden Tag zwei Stunden. Was eingespart werden kann, wird für andere wesentliche Aufgaben, zum Beispiel neue Konzepte, reserviert und genutzt.

► Ein Zeitbudget ist nichts anderes als eine Zeiteinteilung, eine Zeitplanung, sie gehört zur Vorbereitung, zur Verwirklichung jedes wesentlichen Ziels. Die Zeit für dieses Budget muß aber erst »freigekämpft« werden. Das Zeittagebuch ist dabei eine wesentliche Hilfe.

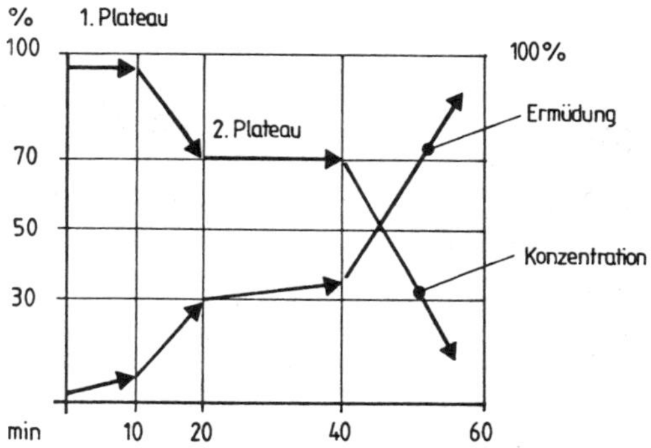

Zu einer sinnvollen Erstellung des Zeitbudgets, muß man auch wissen, wann man müde wird, die Konzentration nachläßt. Sowohl die Ermüdung wie auch die Konzentration haben innerhalb von 60 Minuten zwei »Plateaus« und zwei »Abfälle«. Mit rechtzeitigen Kurzpausen lassen sich Ermüdung und Konzentration gut im Griff behalten, so daß über die gesamte Zeit hinweg eine hohe Konzentration möglich ist – zweimal fünf Minuten Kurzpause genügen.

2.8 Das Zeittagebuch als Grundlage weiterer Planungen

Die kleinste überschaubare Einheit bei der persönlichen Zeitplanung ist die *Stunde*, die noch geviertelt werden kann.
Bedeutender als Planungseinheit ist der *Tag*. Wer seine Tagesleistung nicht im Griff hat, also ausgleichen kann, der wird auch mit weiteren Planungen nicht zurechtkommen.

- Tagesplanungen müssen schriftlich ausgeführt werden, weil sonst die Übersicht leicht verlorengehen kann. Es gilt, das Gedächtnis von Arbeit zu entlasten. Auch erhöht ein schriftlicher Plan Motivation und Konzentration.

- Ein Tagesplan, nach Schwerpunkten geordnet, läßt uns konzentrierter arbeiten, denn der Aufgabenumfang ist kontrollierbar geworden.
  Die übriggebliebenen Aufgaben werden auf die nächsten Tage verteilt; Störzeiten werden leichter erfaßt und beseitigt, der

Einbau von realistischen Pufferzeiten für wichtige, oft unvorhergesehene Arbeiten wird erleichtert.

▶ Tagespläne sind wesentliche Protokolle unserer Tätigkeit, sie können sogar dokumentarischen Wert haben. Wer einmal mit Tagesplänen gearbeitet hat, der wird nie wieder auf diese Hilfe verzichten wollen. Wenige Minuten Planung können Stunden notwendiger Zeit einsparen.

Störungen der Tagesarbeit				Datum:			
Pos.	Uhrzeit	Dauer min.	Verursacher	Gründe	Bedeutung A	B	C

Ein Zeittagebuch kann natürlich alle Arbeiten – und Störungen – enthalten. Wirksamer ist es oft, nur die Störungen festzuhalten, ihre Verursacher, die Dauer. Nach A, B und C wird festgestellt, wie wesentlich die Störungen waren. A ist berechtigt, B nur noch in Sonderfällen, C sollte man delegieren (bzw. der Mitarbeiter sollte in der Lage zu sein, die Aufgaben selbst zu erfüllen). Oft lassen sich mit dieser Methode 20 bis 30 Prozent Zeit sparen, die in anderen Bereichen besser »angelegt« werden kann.

Arbeitspläne, Tagespläne, Zeittagebücher sind wichtige Hilfen, die eigene Leistung durch eine bessere Zeiteinteilung zu steigern. Doch davon im nächsten Kapitel mehr.

Unsere zweite Kernfrage lautete:
»Wie verbessere ich meine persönliche Zeitnutzung?«

Die Antwort:

▶ **»Ich werde, aufbauend auf meinen Begabungen, meinen Leistungsrhythmus erkennen lernen, Schwerpunkte setzen, meinen eigenen Arbeitstag besser nutzen, indem ich Arbeitshilfen wie das Zeittagebuch einsetze.«**

CHECKLISTE:
Habe ich die wichtigsten Gesichtspunkte bei der Erstellung des Zeitbudgets beachtet?

Eine Budgeterstellung ist die Zusammenstellung von Mitteln für eine bestimmte Aufgabe. Dies setzt voraus, daß die Ziele bekannt sind, die Realisierungsmöglichkeiten untersucht und als gangbar befunden wurden. Ein Budget umfaßt die Zeit selbst oder die Mittel, Zeit und technische Hilfen zu erwerben. Von der Sorgfalt der Erstellung hängt die Richtigkeit aller Planungen ab.

Für die Erstellung eines Zeitbudgets ist von Bedeutung:

Pos.	Fragen, Fakten, Zusammenhänge	gegeben
1	Haben Sie in Ihrer Planung alle Arbeitsschritte und die dafür anfallenden Zeiten sorgfältig bedacht?	
2	Sind die geplanten Zeitanteile realistisch bewertet?	
3	Wurden Störzeiten in angemessenem Umfang berücksichtigt, sind Sie dabei kritisch vorgegangen?	
4	Haben Sie Ihre Planung so »auf Lücke« gestaltet, daß andere wesentliche Arbeiten nicht zu kurz kommen?	
5	Überlegten Sie, wer zeitaufwendige Arbeiten übernehmen kann, um Sie zu entlasten?	
6	Versicherten Sie sich, daß niemand ihre Planung mit Zusatzarbeiten »umwerfen« kann?	
7	Kalkulierten Sie Zeitverluste bei der Entscheidung, z. B. durch Zögern ein?	
8	Steht die Organisation der Arbeit so, daß Sie mit der geplanten Zeit zurechtkommen?	
9	Können Sie Zeitverluste bei Beginn der Arbeit, bei Information und Kommunikation sicher vermeiden?	
10	Haben Sie Zwischenkontrollen eingebaut, anhand derer Sie erkennen können, ob Sie zurechtkommen oder ob Zusatzmaßnahmen nötig sind?	

In der Praxis eines Unternehmens sind 30 bis 50 »Stolpersteine« aufgelistet, die wie mit einer Checkliste zu beachten sind. Jeder von ihnen kann ein Projekt verzögern, ja sogar verhindern, zu Fall bringen, vor allem den Zeitplan.

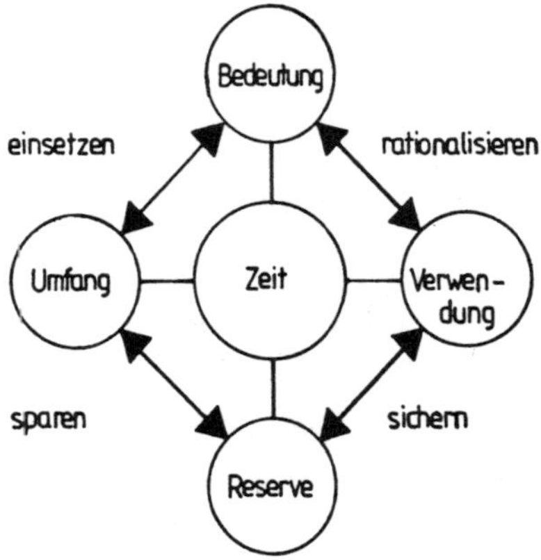

Zeit und Zeitbedarf sind die bedeutendsten Einflußgrößen neben dem Kapitaleinsatz des Unternehmens. Es wird Zeit eingekauft und wieder verkauft; wird in dieser Zeit keine ausreichende Leistung erreicht, muß das Unternehmen scheitern und untergehen. Das Bild zeigt die wesentlichen Wechselwirkungen zwischen Bedeutung, Umfang, Verwendung und Reserve an Zeit.

► Erstellen Sie bitte auch Ihre persönlichen Zeitbudgets sorgsam, denn jede fehlerhafte Planung nimmt Ihnen wertvolle Stunden und Tage, die Sie so sehr für Ihre persönlichen Wünsche, Freuden und zur Realisierung Ihrer Träume brauchen!

Die Überlegung: Was bringt Zeiteinsparung?

Stellen wir eine einfache Überlegung an: Ein Tag hat 24 Stunden, ein Jahr 365 Tage, das sind für ein Jahr 8760 Stunden.
Das ist die Gesamtzeit. Davon gehen acht Stunden Schlaf je Tag ab, zusammen 2920 Stunden.
Bleiben im Wachzustand 5840 Stunden.
Im Durchschnitt stehen Mitarbeiter im Jahr 1650 Stunden zur Verfügung, rechnen wir 350 Wegestunden hinzu, sind 2000 Stunden für den Broterwerb anzusetzen.

Bleiben 3840 Stunden, von denen für unsere Körperpflege, Einkäufe, kurz, was zu unserer Erhaltung und Fortbildung unbedingt nötig ist, je Tag vier Stunden abgehen; macht 1460 Stunden; bleiben 2380 Stunden Freizeit.

Eingespart werden kann in zwei Bereichen:

1 Stunde je Arbeitstag im beruflichen Bereich

Bei 2000 Stunden für den Broterwerb sind das rund 200 Stunden, was einer Steigerung der Leistung von rund zehn Prozent entspricht. Die Erfahrung zeigt, daß damit höhere Einkommen und viele berufliche Ziele erreicht werden können.

1 Stunde je Tag im privaten Bereich

Das sind pro Jahr 365 Stunden. Bei 2380 Stunden Freizeit sind das rund 15 Prozent mehr, die wir für die Fortbildung, den Ausbau der Position, die schönen Dinge des Lebens – oder was sonst noch gefällt – einsetzen können.
Mit rund 550 Stunden läßt sich ein halber Meisterkurs bestreiten, eine EDV-Qualifikation erarbeiten, über 200mal schwimmen gehen, oder in das Theater gehen – selbstfinanziert durch ein höheres Einkommen, durch mehr Leistung.

► Das bringt Zeiteinsparung. Sie darf aber nie Selbstzweck sein, die gewonnene Zeit muß kurz- und langfristig in Lebensqualität umgesetzt werden.

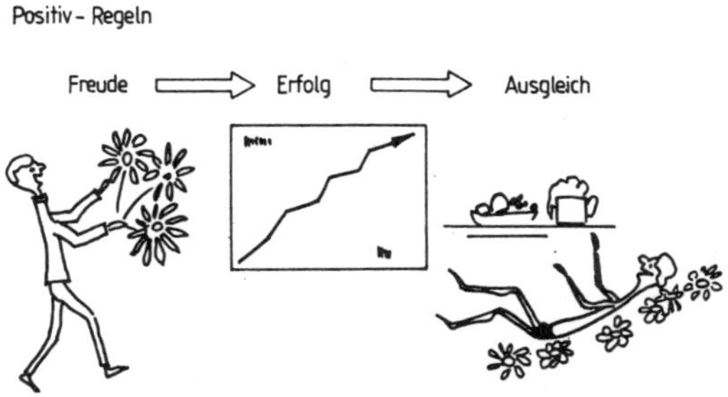

Wenn wir durch eine bessere Zeiteinteilung jeden Tag eine Stunde Zeit einsparen, so kann das die Stunde sein, in der wir uns den schönen Dingen des Lebens widmen können. Zum Leben gehört nicht nur Arbeit, zum Erfolg müssen Freude und Ausgleich kommen. Gerade diese Freude führt zu neuen Erfolgen, wenn wir selbst uns nicht überfordern.

Die Feststellung: Der Wert der Zeit ist relativ

Keine Angst, hier soll nun nicht etwa die *Einsteinsche Relativitätstheorie* zur Sprache kommen.

Ist Ihnen aber nicht schon mal eine Wartestunde ewig vorgekommen? Oder die Zeit wie im Fluge vergangen?

Der Wert der Zeit ist auch für uns im täglichen Leben relativ. In den meisten Bereichen wird ohne Leistung nichts erreicht. Zeiteinsparung ist dann zugleich Leistungssteigerung.

► Leistung ist Arbeit je Zeiteinheit. Oder, anders ausgedrückt, Wirkung je Zeiteinheit, Ergebnis je Zeiteinheit.

Überprüfen wir:

- Schlafen: Erholung je Zeiteinheit. Nötig, aber nicht bewertbar. Fatal erst, wenn Schlaflosigkeit eintritt, die die Leistungsfähigkeit zerstört.
- Freizeit: Wie beim vorigen Punkt, doch mit einem Regenerationsfaktor, der stabilisierend, ausgleichend wirkt, andere Kräfte als der Schlaf bringt.
- Routinearbeit: Meßbar, beurteilbar. In DM je Stunde, je Minute. Immer durchführbar dann, wenn wir genug ausgeruht sind, um Belastungen zu ertragen.
- Kreative Arbeit: In der Regel sind wir nur eine oder zwei Stunden je Tag kreativ! Aber nur ein guter Gedanke kann unser Leben total verändern. Wir sollten die kreativen Zeiten nutzen!
- Prüfungszeit: Wenn Sie die Stunden oder Minuten nicht nutzen, war die Arbeit von Jahren umsonst. Der Wert der Zeit ist hier kaum mehr in DM oder einem anderen Wert zu messen.

► Wir werden unsere Tätigkeiten gewichten müssen nach ihrer Bedeutung und die wichtigsten in Zeiten unserer höchsten Leistungsfähigkeit bewältigen.

Die Basis: Grundsätze des Selbstmanagements bei der Zeiteinteilung

Unter Selbstmanagement ist die Fähigkeit zu verstehen, sich selbst dahin zu bringen, daß vor allem die privaten und die beruflichen Lebensziele in Einklang stehen. Das bedeutet, daß der »Manager« sich selbst, seine Zeit und eine Vielzahl der unterschiedlichsten Faktoren beherrschen muß und nicht umgekehrt.

Für eine bessere Zeiteinteilung bedeutet das:

1. Das Anforderungsprofil ist sorgsam zu analysieren und mit den eigenen Fähigkeiten zu vergleichen. Beabsichtigter und erreichter Zeitaufwand sind einander gegenüberzustellen.

2. Tagesziele sind hierarchisch festzulegen. Dabei hat das Prinzip der Delegation – auch von Verantwortung – Priorität; der/die für die Aufgaben Fähigste übernimmt sie.

3. Als Arbeitshilfe ist ein Zeitbuch zu führen, Ergebnisse sind viertelstündlich festzuhalten. Vorrangig ist es, Dinge in Bewegung zu bringen und zu halten, auch Kontakte neu zu knüpfen und zu sichern.

4. Die Wochen- und die Monatsleistung ist zu analysieren und zu bewerten, Soll und Ist zu vergleichen. Dabei ist besonders zu überprüfen, ob die Tätigkeit sowohl strukturiert als auch zielgerichtet ist.

5. Der Routinefaktor ist festzustellen, ebenso der Innovationsfaktor. Selbstmanagement bedeutet nicht nur, eine Aufgabe zu bewältigen, sondern auch, die Voraussetzungen dafür zu schaffen, in Zukunft effektiver zu arbeiten.

6. Die Gesamtkontrolle zeigt, wieviel Zeit mit einer besseren Strukturierung eingespart wird. Die Maßnahmen, effektiver zu werden und wirtschaftlicher zu arbeiten, sind festzulegen.

Das Kernstück des Selbstmanagements, das Zeittagebuch, zeigt jeden Fehler und jede Unterlassung klar auf. Auf diese Selbstkontrolle zu verzichten bedeutet viele Chancen zu vergeben.

3 Zeit gewinnen durch Steigerung der eigenen Leistung

Das Erfolgsgeheimnis Zeiteinteilung hat viel mit Leistungssteigerung zu tun.

Neben den bereits erwähnten Techniken gibt es als »Wundermittel« sozusagen zusätzlich die Aktivierung von Psyche und Physis. Beide lassen sich nicht trennen. Wenn wir also bedenken, wie mehr Zeit eingespart werden soll, so müssen wir etwas mehr in uns hineinlauschen, auch unsere inneren, unbewußten Regungen berücksichtigen. Mit dem Verstand allein sind keine Höchstleistungen zu schaffen!

Dazu nun einige Überlegungen:

3.1 Die eigene Leistungsfähigkeit richtig beurteilen

Schon die alten Griechen teilten die Menschen in vier Grundtypen, Temperamente, ein. Diese Temperamentenlehre geht übrigens auf HIPPOKRATES zurück, der die seelischen Unterschiede durch eine ungleiche Mischung der vier Säfte im Körper (Blut – lat. *sanguis;* Schleim – griech. *phlegma;* gelbe Galle – griech. *chole;* schwarze Galle – griech. *melaina chole*) zu erklären suchte:

- Das sanguinische Temperament ist leicht erregbar, sprunghaft und heiter.
- Das cholerische ist kämpferisch und leicht zu provozieren.
- Das phlegmatische ist behäbig und still.
- Das melancholische ist schwermütig bis depressiv.

Auch die moderne Temperamentenlehre basiert teilweise noch auf dieser Unterscheidung.

Wir können zwar mit diesen wenigen Typen Menschen kaum vollständig beschreiben, doch charakteristische Unterschiede aufzeigen. So müssen die ersten beiden Typen gefordert, die beiden letztgenannten gefördert werden.

Vor allem Melancholiker – diese Menschen sind treu und fleißig, wenn auch manchmal mit wenig Antrieb ausgestattet – dürfen auf keinen Fall überfordert werden. Jede Arbeit, die sie beginnen, muß in einem Erfolgserlebnis enden. Dann sind sie gute Mitarbeiter. Es ist die Kunst des Führens, den einen zurückzuhalten, den anderen anzuschieben. Was bedeutet das für uns?

► Wir werden langfristig die beste Leistung bringen, wenn wir uns weder über- noch unterfordern. Wir müssen so vorgehen, daß die Aufgabe so schwierig gewählt wird, daß wir sie mit etwas Mühe bewältigen und ein Erfolgserlebnis haben. Nur dies gibt uns den Mut und die Ausdauer für den nächsten Schritt.

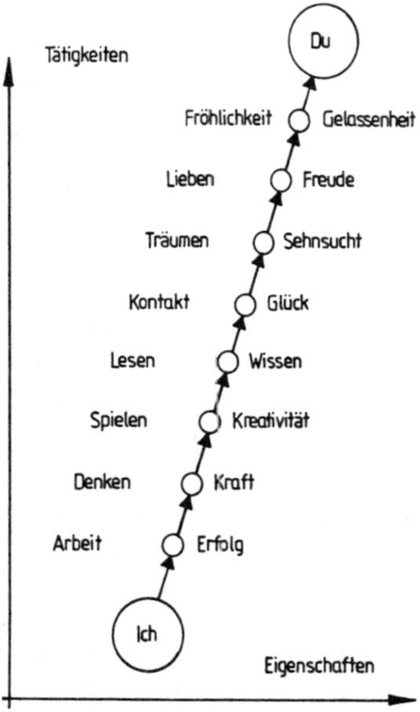

Der Weg zur Stärkung der Persönlichkeit und ihre Wirkung auf Menschen. Es gibt viele Wege zur großen Persönlichkeit – Arbeit und Erfolg sind die Grundlagen, um Fröhlichkeit und Gelassenheit zu erreichen. Denken gibt Kraft, Liebe, Freude und Spieltrieb stärken die Kreativität, in Träumen schaffen wir uns ein Land der Sehnsucht – auch das gehört dazu. Lesen bringt Wissen und Kontakt zu anderen Menschen Glück. Die Eigenschaften des Menschen müssen ihn in seinen Tätigkeiten zum Du, dem anderen führen. Nur dann wird der Mensch das, was wir Persönlichkeit nennen.

3.2 Zur optimalen Tagesleistung durch an den Leistungsrhythmus angepaßte Planung

Wir sind im Rahmen unserer täglichen und wöchentlichen Leistungskurve mit schwierigen Arbeiten dann überfordert, wenn unsere Arbeitsfähigkeit auf dem Tiefpunkt steht. Gerade bei geistiger Arbeit wirkt sich das besonders gravierend aus.

Im Zustand der körperlichen und geistigen Erschöpfung sind wir zu keinerlei wirkungsvollen Arbeit mehr fähig. Wir müssen deshalb im Rahmen einer effektiven Zeiteinteilung die bedeutsamen Arbeiten in den Bereich legen, in dem wir sie tatsächlich schaffen!

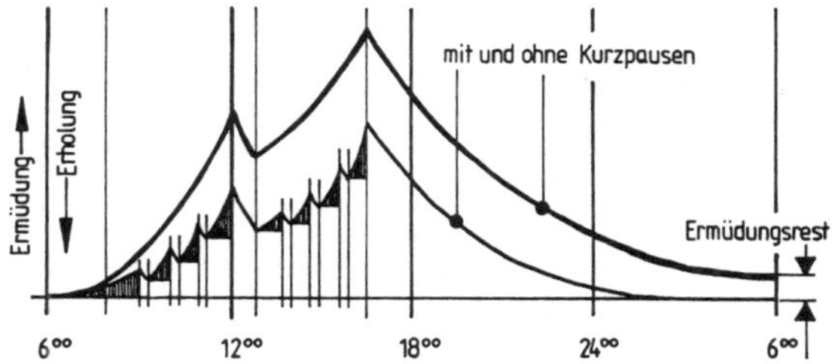

Ermüdungserscheinungen können durch Kurzpausen vermieden werden. Ohne Kurzpausen hat die Mittagspause zwar eine Erholung gebracht, doch ist ein Ermüdungsrest geblieben, der die Leistungsfähigkeit des Nachmittags mindert. Zusätzliche Kurzpausen würden diese Ermüdung nicht so weit ansteigen lassen, daß eine Überforderung eintritt. Auch wenn eine lange Pause in viele kurze mit insgesamt der gleichen Länge aufgeteilt wird, entsteht ein stärkerer Erholungseffekt. Dies ist für die Erhaltung der Leistungsfähigkeit einer der wesentlichen Grundsätze.

Das ist eines der wichtigsten »Erfolgsrezepte«. Dazu gehört auch eine auf persönliche Bedürfnisse zugeschnittene Abfolge von Pausieren und Arbeiten, im Wechsel von größerer und geringerer Selbstforderung. Mehrere kurze Pausen sind dabei hilfreicher als eine lange. Zudem müssen wir uns klar sein, daß im Lernstadium etwa acht bis zehn Durchgänge nötig sein werden, bis wir die Ausführung einer Aufgabe völlig beherrschen. Das gilt für Aufgaben körperlicher und geistiger Art gleichermaßen wie auch für Aufgaben der Verhaltensänderung.

► Die Routinearbeit sollten Sie in die Stunden und Tage geringer Leistungsfähigkeit legen, die wichtigeren Leistungen in die der besseren, die kreativen Arbeiten in die Zeit hoher Leistungsfähigkeit, das Lernen und Auffassen von Neuem in die Zeiten der Spitzenleistungen.

Das ist einer der Grundsätze, die wir uns merken müssen. Gehen wir danach vor, können wir eine unglaubliche Effektivität entwickeln.

Kreativitätsanalyse und Aufgabenzuordnung (Note 1 bis 6)						
Leistungsvermögen nach Tageszeit						
Tages-zeit	kreativ	hoch	gering	Aufgaben A	B	C
01						
02						
03						
04						
05						
06						
07						
08						
09						
10						
11						
12						
13						
14						
15						
16						
17						
18						
19						
20						
21						
22						
23						
24						

Analyse der kreativsten und leistungsfähigsten Zeiten im Tagesablauf und Zuordnung von Aufgaben. Wenn wir mehr als bisher erreichen wollen, müssen wir die wichtigsten Tätigkeiten in den Zeiten unserer höchsten Leistungsfähigkeit durchführen. Weil aber die Tagesleistungskurve bei jedem Menschen anders aussieht, ist diese zu ergründen. Geben Sie der höchsten Leistungsfähigkeit in der entsprechenden Stunde die Note 1, der niedrigsten die Note 6. Sie werden sich selbst etwas besser kennenlernen, Ihre Leistung wird steigen.

3.3 Die Stabilisierung der psychischen Voraussetzungen

Schaffen wir eine große Leistung, wenn wir zornig und unausgeglichen sind? Wohl kaum, wir werden mit der einen Hand das zerstören, was mit der anderen aufgebaut wurde.

► Ausgeglichen, ruhig und selbstbewußt müssen wir an eine Arbeit herangehen. Und dazu frisch, ausgeruht.

Als wenn wir das über viele Tage hinweg bleiben könnten! Und doch sind diese Gelassenheit, das Selbstvertrauen und die Ausgeglichenheit die Basis, um mehr zu erreichen.

Es gibt nun wie so oft zwei Möglichkeiten, zum Ziel zu kommen:

1 Einmal können wir richtig schwierige Aufgaben in Zeiten des persönlichen Leistungshochs verlegen. Dann steht uns aber nur ein kleiner Zeitraum zur Verfügung.

2 Zum anderen ist es möglich, uns selbst so zu beeinflussen, daß wir möglichst gleichbleibend diese Voraussetzungen mitbringen, immer eine hohe Leistungsbereitschaft haben, die nur kleine Schwankungen aufweist.

Dabei können uns die Techniken des »positiven Denkens«* helfen.

In unserem Falle müßten wir uns dahin bringen, ein Problem mit Interesse und Lösungsfreude anzugehen, Techniken und Kreativität einzusetzen, durch Diskussion, Aktion und Kontrolle zu einem Erfolgserlebnis zu kommen.

Beim Gegenteil, dem negativem Kreislauf entstehen Aufregung, Angst, Sorge; man grübelt, verlagert und verdrängt die Fragen, aus Verärgerung und Verzweiflung entsteht wieder Angst, ein Teufelskreis ...

Mit Selbstdisziplin ist es möglich, dem positivem Kreislauf immer wieder zur Überhand zu verhelfen.

---

* Vgl. dazu »Positiv denken und leben« (Bd. 622), Humboldt-Taschenbuchverlag, München.

3.4 Durch ständiges Training zu Höchstleistungen

Wir haben zu gewissen Zeiten verschiedene Stimmungen und müssen uns wohl oder übel danach richten oder einen Ausweg finden. Eine für jede Person offene Möglichkeit ist ein systematisches Training sowohl körperlicher wie auch geistiger Art.

Dazu die wesentliche Erfahrung:

> *Wenn ein Spitzensportler einen Tag aussetzt, so wird er am nächsten Tag bereits den Leistungsabfall merken.*
> *Setzt er eine Woche aus, merken es auch die anderen.*
> *Muß er ohne jedes Training einen oder gar mehrere Monate pausieren, so kann es sein, daß auch für ihn der berühmte Satz »they never come back« gilt.*

► Wenn Sie eine außerordentliche Leistung erbringen wollen, dann befinden Sie sich in der gleichen Lage wie ein Spitzensportler: Sie werden jeden Tag trainieren müssen, gerade so viel, wie Sehnen, Muskeln und Gehirn hergeben, ohne daß sie überfordert sind. Sie werden ein Intervalltraining ansetzen müssen, um alle Bereiche von Körper und Geist lebendig und leistungsfähig zu halten.

Werden Sie dieses Training auch in Ihre Pläne, die kurz- und die langfristigen, einbauen?

Zu geringes Leistungsvermögen führt

▷ zu Angst vor Kritik,
▷ geringem Selbstvertrauen,
▷ Angst vor Verantwortung,
▷ Flucht in die Routine,

▽

Mißerfolgserlebnissen und

▽

zu geringer Motivation!

Ein das ganze Leben andauerndes geistiges und körperliches Training ist die Grundlage für unser Wohlbefinden. Es sichert ein hohes Leistungsvermögen, das uns nicht nur die Arbeit des Tages leicht bewältigen hilft, sondern auch dazu beiträgt, daß wir die Annehmlichkeiten unseres privaten Lebens genießen können. Erfolgserlebnisse lassen beschwingt werden und helfen, neue Aufgaben mit Elan anzugehen.

3.5 Entscheidungen schneller und sicherer treffen

Wenn wir mit einer Vielzahl von Tricks unsere Leistungsfähigkeit und die Nutzung der zur Verfügung stehenden Zeit so beachtlich steigern können, ist es dann möglich, die Fähigkeit, richtige, bessere Entscheidungen zu treffen, zu verbessern?

Entscheidungen haben oft etwas Endgültiges an sich. Sie basieren sowohl auf Erfahrungen als auch auf einer kreativen, zukunftsorientierten Komponente.

- ▶ Wir werden also Ziele setzen müssen, die Aufgaben abgrenzen, Daten sammeln, mehrere Lösungen ausarbeiten, die besten Teile aller Lösungen zu einer Ideallösung fügen, diese einführen, kontrollieren, verbessern.

Kennen Sie dieses System nicht schon? Wir haben es zu Beginn unserer Arbeit entwickelt, Varianten ausprobiert und es nun zur schnelleren Entscheidungsfindung eingesetzt.

- ▶ Auf Dauer werden mit Hilfe einer solchen Systemüberprüfung Ihre Entscheidungen so gut, daß kaum mehr größere Fehler auftreten.

Was ist einfacher und braucht weniger Zeit: wenn eine Aufgabe zügig durchgezogen werden kann oder wenn es an allen Ecken klemmt und nicht mehr klappt?

Durchführbare, gute, richtige Entscheidungen können ruhig etwas mehr Mühe bereiten – überstürzte Entscheidungen sind meist schlecht und kosten eine Unmenge Zeit. Wir sollten der Arbeitstechnik, mit der Entscheidungen verbessert werden können, mehr Augenmerk schenken.

3.6 Die Angst vor Fehlern abbauen

Wir wollen also perfekte, fehlerlose Entscheidungen erzwingen, um Zeit zu sparen. Ist dieses Vorgehen immer richtig?
Dieses Verhalten kann sich sowohl im betrieblichen wie im privaten Bereich äußerst negativ auswirken.

Dazu ein Beispiel:

> *Ein Wirtschafts-Spitzenberater hält einen Vortrag mit dem Thema »Effektive Unternehmensführung«. Er wird gefragt, wie hoch denn der Anteil an sehr guten Entscheidungen in einem Unternehmen sein muß, damit es blüht und gedeiht.*
> *Zur allgemeinen Überraschung nennt er 51 Prozent. Auf die Frage, warum es nicht mehr Prozente sein müssen, antwortet er, daß sich dann niemand trauen würde, auch nur eine Entscheidung zu treffen!*

► Wir müssen die Angst vor Fehlern, auch vor selbst aufgestellten Prinzipien abbauen, sonst kommt es zu einer Erstarrung, die jede Leistung verhindert.

3.7 Sich selbst Fristen setzen

Wenn Sie Kinder erziehen, in einer Familie leben, mit Mitarbeitern umgehen müssen, werden Sie als erstes lernen, daß Sie keine Aufgaben stellen dürfen, die nicht kontrollierbar sind.

Kontrollierbar sind Aufgaben, wenn

- der Umfang der Arbeit vorgegeben,
- die Güte der Ausführung bestimmt,
- die Werkstoffe und Maschinen ausgewählt,
- die Qualifikation des Ausführenden geprüft,
- der nötige Zeitumfang festgelegt und
- der früheste und der späteste Fertigstellungstermin festgelegt wurden.

Sie sehen, Arbeitsumfang und Fertigstellungsfristen haben große Bedeutung. Das gilt nicht nur für das betriebliche, das berufliche Leben, sondern auch im privaten Bereich, nicht nur für die kleinen Arbeiten, sondern auch für die Lebensziele.

► Setzen Sie sich Termine, die Ihr Leben, Ihre Zeit in Etappen einteilen, in der Sie der Karriere, der Familie und sich selbst gehören.

3.8 Selbstbestrafung und Selbstbelohnung als wichtige Motivation

Wir haben oft das Gefühl, daß die Leistungsanforderungen von Beruf und Familie ins Uferlose wachsen und wir uns ständig überfordern. Oft trifft das auch zu.

Wir brauchen also etwas, was uns aufmuntert – und was wäre da besser als eine kleine (Selbst-)Belohnung?

Eine Bestrafung hat noch nie einen Menschen gebessert, auch Sie selbst nicht.

- Kasteien Sie sich deshalb nicht, wenn Sie zu hoch gesteckte Ziele nicht erreicht haben! Nicht zurechtgekommen zu sein ist schon Strafe genug.
- Helfen Sie sich in einem solchen Fall selbst, indem Sie einen neuen, besseren Plan erstellen, einen korrigierten, klareren, zielgerichteteren. Alles, was man zweimal durchführen kann, sollte man auch zweimal konzipieren. Das zweite Mal wird die Aufgabe besser gelöst. Warum diese Erkenntnis nicht zum Prinzip machen?
- Wenn Sie Ihre Ziele erreicht haben, dann sollten Sie sich etwas leisten, etwas Außergewöhnliches. Einmal gut ausgehen, ein spannendes Buch lesen, einen Abend mal so richtig faulenzen. Oder auch mal über das Wochenende wegfahren, alle Karrierewünsche vergessen, nur noch »Sie selbst« sein! Beschenken Sie sich selbst, sonst halten Sie nicht durch. Sie wissen ja – mit den idealen Pausen zur richtigen Zeit kommt man weiter, als wenn man sich überfordert.

Überlegen wir noch einmal die dritte Kernfrage:

»Wie gewinnen wir Zeit durch die Steigerung der eigenen Leistung?«

Die Antwort:

»Wir müssen unsere geheimen Kräfte aktivieren lernen, indem wir unsere Eigenheiten, unsere Kräfte und Antriebe besser erkennen und zu nutzen verstehen.«

CHECKLISTE:

Habe ich alle Voraussetzungen für eine ständig hohe geistige und körperliche Leistungsfähigkeit geschaffen?

Wer in der halben Zeit eine Arbeit verrichtet, der hat die andere Hälfte gewonnen; der kann bei seiner Zeiteinteilung viel mehr Schwerpunkte bilden, eigene, persönliche Ziele verfolgen. Diese Zielorientierung führt zu Spitzenleistungen, im Gegensatz zur reinen Tätigkeitsorientierung.
Die persönliche Leistungsfähigkeit ist einer der wesentlichen Faktoren, die Erfolg und Mißerfolg bestimmen – sie ist ein bedeutender Teil dessen, was wir »Erfolgsgeheimnis Zeiteinteilung« nennen.

Wichtig ist besonders:

Pos.	Fragen, Fakten, Zusammenhänge	gegeben
1	Leben Sie so, daß langandauernde körperliche und geistige Gesundheit gesichert ist?	
2	Treiben Sie maßvoll, aber regelmäßig Sport, um Ihren Körper fit zu halten, was auch Voraussetzung für geistige Leistung ist?	
3	Überfordern Sie sich nicht in Ihrem Streben, Erfolgserlebnisse zu haben; mußten Sie dafür zu hart kämpfen?	
4	Kennen Sie Ihren persönlichen Leistungsrhythmus, und achten Sie darauf, daß die Anforderungen auf ihn abgestimmt sind?	
5	Unternehmen Sie vorausplanend etwas dagegen, sich gegen Streß, übermäßige Belastungen usw. abzuschirmen, damit Sie gelassen an die Anforderungen herangehen können?	
6	Forschen Sie nach den Ursachen Ihrer Ermüdung, und sorgen Sie dafür, daß mit Hilfe gezielter Pausen keine zu starke Überlastung eintritt?	
7	Lernen Sie, bessere und sicherere Entscheidungen zu treffen, um die Fehlerquoten möglichst niedrig zu halten?	

Pos.	Fragen, Fakten, Zusammenhänge	gegeben
8	Trauen Sie sich Entscheidungen zu und, setzen Sie sich Fristen, in denen die Entscheidungen und die Ausführungen abgeschlossen sein müssen?	
9	Sichern Sie sich auch für die Zukunft Gelassenheit und ruhiges Handeln, indem Sie aus Ihrem Leben Selbstbestrafungen, Grübeln, Zweifel und andere Belastungen soweit wie möglich heraushalten?	
10	Belohnen Sie sich und andere, wenn etwas gelang, auch wenn der Anlaß nicht so bedeutend ist?	

Die Leistungsfähigkeit des Menschen bleibt im Leben – leider – nicht konstant. Mit 25 Jahren haben wir den Höhepunkt der körperlichen Leistungsfähigkeit überschritten, mit rund 45 Jahren den der geistigen. Wohl muß die Qualität nicht nachlassen, sie kann mit zunehmendem Alter noch steigen. Aber unser Leistungspensum wird auf jeden Fall sinken.

- ▶ Zeit einzuteilen bedeutet auch Lebenszeit einzuteilen, immer, auf jeder Lebensstufe die uns bestimmten Aufgaben zu erfüllen.
- ▶ Es ist von viel größerer Bedeutung, als wir heute glauben, wenn wir versuchen, unsere Kräfte, unsere Leistungsfähigkeit so lange wie möglich nicht nur zu steigern, sondern auch im Rahmen des Möglichen zu erhalten.

Die Antriebe: Sich selbst und andere motivieren lernen

Resignation, Leistungsreduzierung und innere Emigration bergen für uns die stärksten Gefahren, mit unserer Zeit, letztlich auch mit unserem Leben, nicht zurechtzukommen. Niemand kann leben, ohne einen Sinn in seinem Tun zu finden oder eine zufriedenstellende Antwort auf das Warum zu bekommen.

Wir müssen für uns – und als Führungskraft auch für andere – Motive finden und schaffen, die zu neuen Antrieben führen. Motive sind konkrete Ziele und Wünsche, Sehnsüchte, innere Triebe, ja Träume von Menschen, das heißt, es gibt bewußte und unbewußte Motive.

Bei jeglicher Motivation gilt es zu differenzieren, zwischen dem, was wir wollen, und dem, was unserer Motivation abträglich ist.

Das wollen wir:

1. eine Grundlage für unser Leben, um es mit Zufriedenheit führen zu können, die Grundbedürfnisse zu stillen;
2. Sicherheit für unsere Lebensgrundlagen;
3. ausreichend Gewinn aus unserem Schaffen, um uns etwas leisten zu können;
4. Gesundheit, die auf Dauer eine intakte Umwelt und genügend Unfallschutz erforderlich macht;
5. natürlich auch etwas Bequemlichkeit, um auch den schönen Dingen des Lebens zu frönen;
6. gute Kontakte, denn ohne Freundschaft wäre das Leben öde und leer, Freunde geben das nötige Selbstvertrauen;
7. dazu Geltung (denn wer will denn in seinem Lebenskreis unbedeutend und nichtssagend sein?);
8. zum anderen Wissen, denn es erleichtert uns nicht nur das Leben, sondern hilft auch anderen;
9. wie auch das Können, um Dinge weiterzuentwickeln, die Lebensqualität zu verbessern;
10. letztlich die Selbstentfaltung, die uns so weit wie möglich nicht nur zu einem erfüllten Leben verhilft, sondern auch zur Fähigkeit, bei einer besseren Gestaltung der Welt mitzuhelfen.

Noch vor wenigen Jahren hätten all unsere Anstrengungen diesen Motiven gegolten. Heute aber ist der Druck so stark geworden, daß wir uns laufend wehren, demotivierende Dinge abwehren müssen. Vielleicht brauchen wir schon bald die gewonnene Zeit nur noch, um uns behaupten zu können.

Das wehren wir ab:

1. Bedrohungen, denn sie schränken uns in unserem Leben ein;
2. ungerechtfertigte Kritik; denn sie zermürbt uns und raubt uns Selbstvertrauen;
3. unnötige Konflikte, denn sie nehmen uns die Zeit und die Kraft, schöpferisch tätig zu sein;
4. Verärgerungen (oft aus nichtigem Anlaß), denn sie verderben das Klima, in dem Leistung gedeiht;
5. Fehlbeurteilungen, denn sie kränken und führen zu Resignation und innerer Emigration;
6. Bestrafungen aller Art, denn Strafe bessert in der Regel nicht und hilft nicht, Probleme zu lösen;
7. Isolierung, denn sie führt zu unnützem Grübeln und zu Zweifeln an den eigenen Kräften und Fähigkeiten;
8. Negativdenken, weil dieses das Unglück und das Versagen geradezu herbeizwingt;
9. Verachtung, denn sie ist menschenunwürdig – sie führt geradezu zu Rachegelüsten und Zorn;
10. Ausschluß aus der Gesellschaft, denn dies ist der Beweis, daß die Gesellschaft in ihrer Erziehungsaufgabe versagt hat – die Gesellschaft sind wir alle.

Das, was wir wollen, sind unsere Wünsche und Träume, das, was wir abwehren, die Ängste, die sich eben über die Abwehrmaßnahmen zu Motiven verändern können.
Wir müssen die eigenen Ängste genauso kennenlernen wie die Motive. Erst dann können wir über deren Förderung beziehungsweise Ausschaltung neue Antriebe, neue Spannung und Energie schaffen. Diese führen zu Leistung. Es gibt kaum etwas, was über eine bessere Leistung nicht erreichbar ist, zum Beispiel einen Betrieb sichern, das Einkommen erhöhen, auch mal ausgefallene Wünsche von sich selbst oder der Familie erfüllen.

► Motivation führt zu mehr Leistung, damit zu starker Zeiteinsparung und letztlich zu mehr Lebensqualität, das heißt, die richtige Zeiteinteilung muß uns neben dem Leistungsstreben ein wichtiges Anliegen werden.

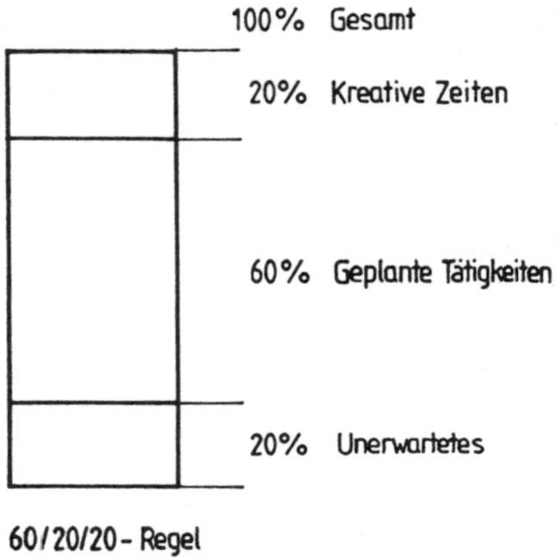

Ohne Planung der Zeit sind größere Aufgaben nicht zu schaffen. 60 Prozent der Zeit müssen mindestens möglichst ungestört dafür verwendet werden. 20 Prozent sind für kreative Arbeiten zu reservieren, die das Unternehmen oder uns selber weiterbringen. 20 Prozent werden für Unvorhergesehenes reserviert. Wenn gegen diesen Grundsatz verstoßen wird, bleibt die Arbeit nach Feierabend nicht aus, das Privatleben kommt zu kurz ...

»Die Feinde«: Jagen Sie die »Zeitdiebe« weit fort!

Ein Ziel zu erreichen kostet Zeit, Zeit und Zeit, die nur beschränkt zur Verfügung steht. Und nun kommen noch »Zeitdiebe« hinzu, die Ihnen einen Teil davon »stehlen« wollen.

Wer ist das, und wie gehen Sie vor?

- Die Tratschtanten sind gefährlich, sie füllen die Zeit mit belanglosem Geschwätz.
- Die Stichler wissen alles besser, sie entmutigen mit ihrem Spott.
- Die Schadenfrohen weiden sich an Niederlagen, sie nehmen Selbstbewußtsein.
- Die Erwartungsvollen, denn sie drängen und haben nicht die nötige Geduld.
- Die Besserwisser wußten immer schon, daß wir Nieten sind und nichts können.
- Die Unnachsichtigen wollen uns zu Leistungen prügeln, die wir heute noch nicht bringen können.

- Die Überfürsorglichen kommen immerzu an, um uns ungeeignete Rezepte zu präsentieren.
- Die Störenfriede haben immer wesentliche Aufgaben für uns, die nur ihnen nützen.
- Die Ablenker meinen, daß wir zuviel arbeiten, »Workaholiker«, also Kranke wären.
- Die Eigennützigen, die uns früher ausnutzten, fürchten um ihre Wasserträger.

Die Zeitdiebe :

1 Besucher
2 Besprechungen
3 Telefon
4 Aufschieberitis
5 Nicht nein sagen können
6 Keine klaren Prioritäten
7 Termindruck
8 Routinearbeit
9 Mangelnde Delegation
10 Geringe Selbstdisziplin

Zeitdiebe stehlen uns nicht nur Arbeitszeit, sondern auch Freizeit und Lebensfreude. Hier sind die wesentlichen aufgelistet. Wir müssen einen jeden einzeln auf seine Art bekämpfen und so weit wie möglich ausschalten, um mit unseren Aufgaben klar zu kommen. Wir dürfen aber auch nicht zu radikal sein, denn sonst können wir uns leicht von wichtigen Informationsquellen »abnabeln«.

Die Liste dieser »Bedrohungen« durch Zeitdiebe könnte beliebig fortgesetzt werden. Sie wollen unser Bestes, die Zeit, unsere Zeit für ihre Zwecke, ihren Nutzen.

► Wie gehen Sie vor? Weisen Sie Zeitdiebe konsequent ab!

4 Von der Zeiteinteilung zu Steuerung und Kontrolle

Eine Pittsburgher Beratungsfirma untersuchte in einer einjährigen Studie »mit der Stoppuhr in der Hand«, wodurch denn der chronische Zeitmangel des durchschnittlichen US-Bürgers verursacht ist.

Demnach verbringt er:

- fünf Jahre seines Lebens in Warteschlangen,
- davon sechs Monate vor roten Verkehrsampeln.
- Mit Abfall schlägt er sich acht Monate seines Lebens herum.
- Ein Jahr lang sucht er nach verlegten Gegenständen.
- Zwei Jahre lang versucht er Leute anzurufen, die er nicht erreicht.

Dafür fehlen dann »die Minuten« für die wirklich wesentlichen Dinge:

- Ehepaare führen im Durchschnitt nur vier Minuten am Tage ein ernsthaftes Gespräch miteinander.
- Für die Kinder blieben nur 30 Sekunden je Tag übrig.

Diese Zahlen wirken unglaubhaft, doch sind sie sicher sorgsam ermittelt. Menschen setzen ihre Zeit nicht selbst ein, sie werden von anderen »gemanagt«.

► Nach dieser Ist-Feststellung wird man mit einer Zeiteinteilung allein nicht zurechtkommen, der Zeitverbrauch muß gesteuert und kontrolliert werden.

4.1 Das Ziel: Effizienz vor Quantität

Zum Problem der Effektivität erlauben Sie mir bitte folgenden Exkurs:

> *Meine Studierenden – ich unterrichte an einer Tischlerfachschule – müssen auch Preise von Möbeln oder Bauteilen kalkulieren. So ist zum Beispiel der Zeitbedarf für einen Schrank festzustellen.*
> *Es wird geschätzt:*
> *Einer braucht 100 Stunden, der andere 50 Stunden, der dritte 75 Stunden.*
> *Derartige Schwankungen sind auch bei Fachleuten nicht selten.*
> *Der Erste hat doppelt so viel Zeit gebraucht wie der Zweite, der Dritte lag im Durchschnitt.*
> *Was ist nun normal, was anormal?*
> *Eine Untersuchung wird immer ein ähnliches Ergebnis bringen.*
> *Unsere Kollegen sind alle gleich fleißig gewesen, auch sonst gleich geschickt, aber sie waren unterschiedlich geübt.*
> *Je nach Schwierigkeit der Arbeiten und zu Verfügung stehendem Arbeitsmaterial und -techniken wird es natürlich Abweichungen geben.*

Wir halten fest:

► Je mehr wir üben und je mehr wir gleichartige Arbeiten zusammenfassen können, um so weniger Zeit brauchen wir je Einheit! Damit ist eine wesentliche Grundlage für den Tagesplan erkannt und belegt.

4.2 Die Grundlage: der Tagesplan

Das Zeittagebuch (vgl. S. 37ff.) hat uns geholfen festzustellen, wie wir die Zeit verbrauchen. Der Tagesplan hilft, den Zeitverbrauch zu steuern; eine Vorgabe kann auf ihre Einhaltung hin überwacht und kontrolliert werden. Die vorher eingebaute Kontrollmöglichkeit ist wirkungsvoller als die nachträgliche Kontrolle mittels Zeittagebuch.

Der Tagesplan enthält:

- die für diesen Termin nötigen Aufgaben, geordnet nach der Aktivitäten-Liste,

- Unerledigtes, was von den Vortagen liegengeblieben ist,
- periodisch wiederkehrende Aufgaben, die seit langem feststehen,
- Termine, Telefonate und Korrespondenz, die an diesem Tag anstehen,
- neu hinzukommende Arbeiten,
- Reserven für Wichtiges, das nicht voraussehbar war.

Von besonderer Bedeutung ist der letzte Punkt. Der Zeitaufwand für die Erledigung unvorhergesehener Aufgaben bringt unseren Tagesplan nicht durcheinander, der Übertrag von nicht erledigten Arbeiten auf den nächsten Tag hält sich im Rahmen.

► Bleibt uns eine Zeitreserve, so wird sie für berufliche, persönliche und private Ziele eingesetzt. Das können Karriere-, Lebens-, Berufs- und Wunschziele sein, vor allem aber Ziele, die mit der Weiterbildung zu tun haben.

4.3 Die Organisationsprinzipien beachten

Erfahrene Führungskräfte halten sich 30 bis 40 Prozent der Gesamtzeit für Unvorhergesehenes frei, von denen sie wiederum mindestens die Hälfte für ihre eigene Weiterbildung nutzen. Kluge Chefs fördern das noch; denn nur der Mitarbeiter, der mit seinem Leistungsvermögen und seinem Wissen auf dem Stand der Zeit ist, kann für das Unternehmen Leistung erbringen.
Damit wäre bereits der erste und wesentliche Grundsatz der Organisationsprinzipien zur Zeiteinteilung festgelegt.

Dazu gibt es verschiedene Techniken, zum Beispiel:

1. Ziele sind nach Prioritäten zu ordnen und danach anzugehen. Sie haben Vorrang vor den Routinearbeiten, denn sie bestimmen die Zukunft – auch wenn normalerweise zuerst die Mußarbeiten des Tages erledigt werden.

2. Hierarchisierungen sind nach der Bedeutung der anfallenden Aufgaben aufzustellen. Wir wissen, daß 20 Prozent der Aufgaben 80 Prozent der Ergebnisse bringen, von diesen 20 Prozent wieder 20 Prozent die Spitzenergebnisse mit 80 Prozent der Gewinne. Tätigkeiten und Leistungen sind deshalb systematisch zu bewerten und aufzulisten.

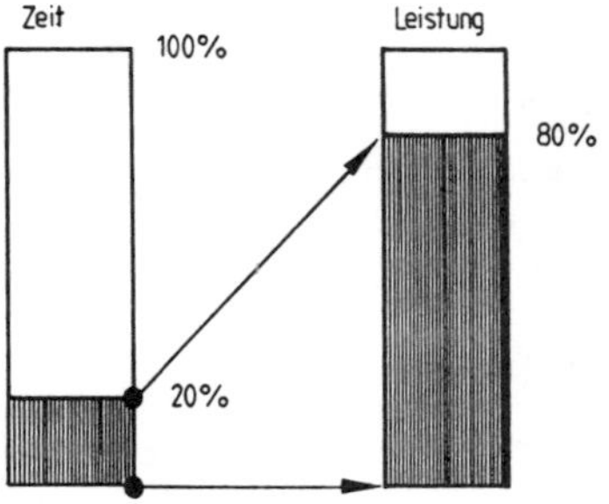

80 : 20 - Regel

Die 80:20 Regel. Untersuchungen haben ergeben, daß 20 Prozent der Aufgaben 80 Prozent der Gewinne bringen und weitere 20 Prozent 80 Prozent des Zeitaufwands ausmachen. Wenn es möglich ist festzustellen, welche 20 Prozent den größten Effekt bringen, können diese wesentlich besser genutzt werden.

3 Auch die ABC-Analyse – die Wertanalyse der Zeitverwendung für äußerst wichtige (A), wichtige (B) und nicht so wichtige (C) Aufgaben in bezug auf die Gesamtaufgabe beziehungsweise Funktion und die dafür zur Verfügung stehende Zeit – kann weiterhelfen. Sie ist besonders dann angebracht, wenn sie zur Dispositionsrechnung (wieviel Zeit steht mir für welche Aufgabe zur Verfügung?) nach den Deckungsbeitragsprinzipien (wieviel Zeit habe ich für A-, B-, C-Aufgaben tatsächlich gebraucht?) ausgebaut wurde. Mit ihrer Hilfe können Schwerpunkte gesetzt werden, die sich in der Wirkung rechnerisch belegen lassen.

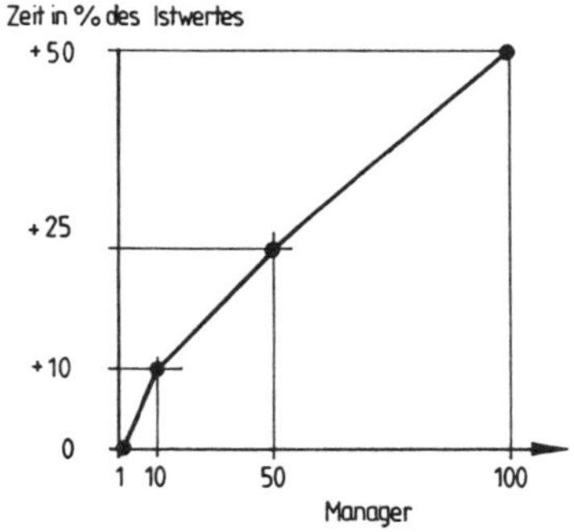

Die meisten Manager glauben, daß ihnen zur Bewältigung ihrer Aufgaben mehr Zeit zur Verfügung stehen müßte. Nur einer von hundert meint, mit der vorhandenen Zeit zurechtzukommen. 10 Prozent der Manager meinen, 10 Prozent mehr Zeit zu brauchen, 50 Prozent, bis 25 Prozent mehr Zeit. Die anderen sind überzeugt, daß sie bis 50 Prozent mehr Zeit haben müßten, um ihre Aufgaben gut erfüllen zu können. Eigentlich ein Armutszeugnis – sie zeigen, wie wenig sie delegieren können.

- Generell ist festzustellen: Organisationsprinzipien, gleich welcher Art haben die Aufgabe, die Organisation und mit ihr das Vorgehen, gleich, ob betrieblicher oder privater Art, wirtschaftlicher werden zu lassen.

4.4 Von der Grobplanung bis zur Feinplanung

Bei einer jeden Planung müssen Sie:

- den Zeitaufwand so genau wie möglich feststellen;
- die nötige Zeit einordnen mit Beginn und Ende der Ausführung;
- die Störungen so weit wie möglich ausschalten, damit sie mindestens 60 Prozent Ihrer Zeit echt verplanen können;
- Pufferzeiten für Unvorhergesehenes einplanen;
- kontrollieren, ob Sie die Aufgabe auch sachgemäß durchgeführt haben.

Eine Grobplanung ist bei einem übergeordneten Ziel angebracht, zum Beispiel, wenn Sie ein Examen bestehen wollen und sich erst im vorbereitendem Praktikum befinden. Sie planen über Jahre hinweg; jede Lebensplanung ist eine Grobplanung. Sie ist zwar zeitlich begrenzt, hat aber sonst ein weitmaschiges Raster.

Innerhalb Ihrer Ausbildung müssen Sie in einem Semester, das ein halbes Jahr dauert, einen bestimmten Notendurchschnitt erreichen. Hier hilft keine Grobplanung mehr; Sie haben zur Vorbereitung und Durchführung ein halbes Jahr Zeit, die Aufgaben sind präziser, knapper gefaßt; Sie müssen planen.

Die Feinplanung: Sie haben die Prüfung X zu bestehen und bereiten sich gezielt auf den Stoff vor.

- Alle wichtigen Planungsaufgaben müssen in diesem »Aufbau« untergebracht werden. Jedes einzelne Planungsdetail verweist auf das Ziel.

So ist Planung zu organisieren! Was keinen oder einen zu schwachen Zusammenhang zu unserer übergeordneten Zielsetzung hat, das lassen wir fallen!

4.5 Ähnliche Aufgaben hintereinander erledigen

Wir haben in unseren Überlegungen schon erkannt, daß Wiederholung und Üben den Zeitbedarf für eine Aufgabe bedeutend herabsetzen. Um aber eine Aufgabe in knapper Zeit zu schaffen, ist eine »Rüstzeit« oder »Arbeitsvorbereitung« nötig.

Stellen Sie sich vor:

> *Sie haben zehn Aufgaben zu erledigen, von denen jede 20 Minuten braucht, wovon fünf Minuten Vorbereitungszeit sind. Erledigen Sie diese einzeln, so brauchen Sie 200 Minuten – eine lange Zeit.*
> *Bereiten Sie einmal gründlich alles vor, brauchen Sie für die Vorbereitung zehn Minuten, doppelt so lange wie bisher. Dafür brauchen Sie für die Ausführung nun nur noch 10 × 15 Minuten, also 150 Minuten. Zusammen mit der Vorbereitung 160 Minuten. 40 Minuten oder 20 Prozent der Gesamtzeit sind eingespart.*

- ▶ Wenn Sie nun in Ihrem Tagesplan, besser jedoch in Ihrem Wochenplan ähnliche Arbeiten zusammenlegen und gründlich vorbereiten, so haben Sie schon die Zeit gespart, die Sie zu Ihrer Weiterbildung, zu Ihrem persönlichen Fortkommen brauchen.
- ▶ Von besonderer Bedeutung: Ordnen Sie Ihre Arbeiten so, daß der »Rüstzeiteffekt« wirksam wird!

4.6 Wichtige Ereignisse in den Mittelpunkt stellen

Was ist ein wichtiges Ereignis? Das kann sein

1. eine für ein Unternehmen oder eine Familie bedeutsame Tatsache,
2. ein Erfolgserlebnis oder eine Tätigkeit, die sicher dahin führt,
3. eine Möglichkeit, sich selbst langfristig in den Vordergrund zu spielen und so zum Beispiel eine bessere Position zu bekommen.

Was haben alle drei Ereignisse gemeinsam? Sie sind starke Motive, um etwas zu erreichen. Sorgen Sie deshalb dafür, daß Sie sich rational und psychisch sorgsam »in Form« bringen, um dem großen Ereignis entsprechend entgegentreten zu können.

- Stehen Sie deshalb morgens rechtzeitig und ohne Hast auf, genießen Sie ein umfangreiches, gemütliches Frühstück, machen Sie sich – ob Mann oder Frau - besonders schick, und fahren Sie bitte ruhig und gelassen zur Arbeit. Sie kommen an, positiv denkend, gut gelaunt, voller Tatendrang. Es kann nichts mehr schiefgehen. Ein Tag mit einem wichtigen Ereignis ist einer, der Sie einem Ziel näher bringt, der Freude beinhaltet, der die Möglichkeiten außerhalb Ihrer Arbeit, in der Freizeit positiv beeinflußt.

Glauben Sie wirklich, daß einem derartigen Mitarbeiter irgend jemand widerstehen kann? Warum dann nicht immer ein Ereignis in den Mittelpunkt stellen und es für wichtig erklären?

4.7 Nicht eingeplante Aufgaben wenn möglich zurückstellen

Sie haben einen Schwerpunkt gesetzt und für wichtig erklärt. Alle Ihre Gedanken kreisen immerzu um die Lösung dieses Problems. Und dann, als Sie beinahe die Lösung gefunden haben, werden Sie durch eine dringende unvorhergesehene Aufgabe unterbrochen!

Bevor wir eine Lösungsstrategie entwickeln, erst ein kurzer Exkurs zur Arbeit unseres Gehirns. Es ist ungeheuer leistungsfähig, wir können mit ihm logisch (hoffentlich!) denken und Schritt für Schritt zu einer Lösung finden.

Unser Gehirn ist nichts anderes als ein hochintelligenter Computer – nicht ein fleißiger Idiot wie unsere elektronischen »Brüder« – es arbeitet auch dann weiter, wenn wir schlafen, ausruhen usw. Still und leise macht es seine Arbeit und präsentiert uns oft eine Blitzidee, eine außerordentliche Lösung, auch wenn wir nicht an das Problem gedacht haben. Nicht umsonst sagen wir, daß eine gute Sache erstmal überschlafen werden muß, bevor eine endgültige Entscheidung getroffen wird.

Überlegen Sie, warum eine Arbeit

▽

(1) überhaupt,

▽

(2) von Ihnen,

▽

(3) jetzt und

▽

(4) in dieser Form

ausgeführt werden muß!

Kontern Sie mit

▽

(1) eliminieren,

▽

(2) delegieren,

▽

(3) terminieren und

▽

(4) rationalisieren!

Niemand sollte sich uferlos mit Arbeit überlasten lassen. Ausschlaggebend für Sie sollte es immer sein zu wissen, weshalb Sie diese Arbeit ausführen sollen und wie Sie sie erledigen oder delegieren – zu Ihrem und des Unternehmens Vorteil.

▶ Wollen Sie auf diese ideale Arbeit und den Ihnen zustehenden Lohn nicht verzichten? Dann lassen Sie sich keine Störungen mehr gefallen! Sie mindern Ihr Leistungsvermögen und betrügen Sie um die Vorarbeit, die Ihr Hirn bereits geleistet hat. Planen Sie die neu hinzugekommenen Arbeiten ein, und durchdenken Sie diese so wie diejenigen, die heute so wichtig sind.

4.8 Angefangene Arbeiten beenden

Stellen Sie sich vor, daß Sie hervorragende Pläne ausgearbeitet haben, umwerfende Konzepte, die nur noch zu verwirklichen sind. Und nun beginnen Sie alle, stellen aber kein einziges fertig.
Es gibt viele Menschen, die eine Arbeit nicht zu Ende denken; sie verschwenden sinnlos ihr »Kapital«.

Bedenken Sie immer:

- ▶ Alles, was Sie bisher erarbeitet haben, ist ein beachtliches Kapital. Sie haben die Aufgabe, dieses Kapital wirksam werden zu lassen – in Lebensqualität, Geltung, in barer Münze. Jeden Tag, den Sie warten, kann ein anderer zuvorkommen, Ihnen die Ergebnisse Ihrer Arbeit rauben.

Erfolgreiche Frauen und Männer haben ein Konzept, einen Lebensgrundsatz, den auch Sie sich zu eigen machen sollten:

- ▶ Gehen Sie mit Ihren wichtigen Arbeiten so vor, als ob Sie morgen nicht mehr dazu kämen. Stellen Sie Ihre Arbeiten, soweit wie möglich, fertig.

Eine unabgeschlossene Arbeit ist eine noch nicht genutzte, womöglich verlorene Zeit. Können wir uns das leisten?

4.9 Sich selbst laufend kontrollieren

Schaffen Sie sich eine Maßeinheit für die eigene Bewertung Ihrer Arbeit. Das kann der Zugewinn an Geld, Zeit, Lebensfreude oder Glück sein. Eine Grundlage, mit der Sie sich selbst und den Wirkungsgrad Ihrer Tätigkeit kontrollieren können.

Natürlich müssen Sie Ihre Leistungsfähigkeit laufend überwachen. Aber noch viel wesentlicher ist es, Ihr Verhalten den Mitarbeitern gegenüber in den Griff zu bekommen und optimal zu gestalten.

- ▶ Sie müssen Gelassenheit demonstrieren, sich und den anderen zeigen, daß Sie Ihren Aufgaben voll gewachsen sind. Der Soll-Ist-Vergleich des Tagesplans hilft Ihnen bei der Kontrolle. Sie erlangen Sicherheit und Vorsprung, wenn Sie die Aufgaben des nächsten Tages bedenken, bevor Sie nach Hause gehen, um den Feierabend zu genießen. Sie überprüfen, ob Sie die Schwankungen Ihrer Tagesleistungsfähigkeit positiv ausgenutzt, A- Aufgaben in der Zeit der höchsten Leistungsfähigkeit durchgeführt haben.

- ▶ Sie untersuchen, ob die Pausen wirklich Regeneration brachten, ob Sie die »stille Stunde«, die für Besonderes reservierte Zeit, auch wirklich zu Ihrem eigenen Vorteil nutzen konnten.

- Sie lassen den Tag noch einmal Revue passieren, überprüfen, was verbessert werden muß, und nehmen sich das auch für den nächsten Tag vor.
- Kontrollen sollen nicht erschrecken, sondern das Selbstbewußtsein stärken, weil sie uns unsere Leistungsfähigkeit zeigen.

Wie lautete die Kernfrage dieses Kapitels?

»Wie führen wir die Zeiteinteilung über eine gezielte Steuerung und Kontrolle zu größerer Effektivität?«

Die Antwort:

» »Wenn wir lernen, Erkenntnisse systematischer und gezielter einzusetzen, Abläufe besser zu organisieren, zu steuern und zu kontrollieren, dann wird unsere Leistungsfähigkeit geradezu explodieren!«

CHECKLISTE:

Beachten Sie die eigenen Organisationsprinzipien, die Zeitplanung und deren rationelle Verwendung?

Planung, Steuerung und Kontrolle sind die Elemente der Ausführung einer jeden Tätigkeit, gleich ob im Unternehmen oder privat. Diese drei wesentlichen Bereiche umfassen die Organisation der Verwendung von Raum, Kapital, Arbeit, Ausbildung und Zeit. In unserem Falle beschäftigen wir uns mit der Organisation der Zeitverwendung, dem Zeitmanagement.

Was gehört zu effektivem Zeitmanagement?

Pos.	Fragen, Fakten, Zusammenhänge	gegeben
1	Wissen Sie genau, wie Sie Ihre Zeit nutzen und wie Sie sie effektiver gestalten können?	
2	Können Sie durch mehr Übung und gezielte Schulung die für eine Tätigkeit nötige Arbeitszeit bedeutend reduzieren?	
3	Haben Sie einen realistischen Tagesplan aufgestellt und überlegt, wie Sie durch bessere Zeiteinteilung zehn Prozent sparen?	

Pos.	Fragen, Fakten, Zusammenhänge	gegeben
4	Haben Sie die richtige Organisation Ihrer Arbeit genau überlegt und entsprechend geplant?	
5	Stellen Sie eine systematische Grob-, Mittel- und Feinplanung auf, in die jede Tätigkeit eingeordnet werden kann?	
6	Haben Sie die Arbeit so geordnet, daß gleichartige Tätigkeiten zusammen mit einer Vorbereitung durchgeführt werden können?	
7	Stellen Sie jeden Tag eine wesentliche Aufgabe heraus, um sie voranzutreiben?	
8	Lassen Sie sich nicht mit Arbeit erdrücken, die angeblich so dringend ist, daß sie absoluten Vorrang genießt?	
9	Beenden Sie immer das, was Sie begonnen haben, zumindest bis zu einem Punkt, wo Wirksamkeit und Nutzen gegeben sind?	
10	Kontrollieren Sie sich, Ihre Tätigkeit, vor allem Ihr Verhalten laufend, um die persönliche Effektivität zu steigern?	

Nach den Überlegungen zu einer besseren Zeitnutzung und persönlichen Zeitplanung, der Steigerung der eigenen Leistungsfähigkeit ist die Steuerung und Kontrolle im Rahmen des Zeitmanagements ein sehr wichtiger Teil. Ihnen folgen die Techniken, die zum Zeitsparen einzusetzen sind, der bessere Umgang mit Menschen, die Fragen der Delegation und der Ausschaltung der Störungen.

Grundfunktionen der Delegation. Es werden nicht nur Aufgaben, sondern auch Kompetenzen, Informationen und Verantwortung delegiert; nur Führung und Kontrolle bleiben Aufgabe des Vorgesetzten. Das bedeutet vor allem, daß die Leistungskapazität des Vorgesetzten für übergeordnete Aufgaben frei wird.

Die Organisation muß aber, wie alle Teile eines Managements, wirtschaftlich sein. Jede Organisationsmaßnahme muß das Mehrfache einbringen, was sie selber kostet. Das ist nur möglich, wenn ein kybernetisches System, ein Selbststeuerungssystem, aufgebaut wird. Dies zur Organisation des Zeitsparens einzusetzen wird eine der nächsten Aufgaben sein.

Die Definition: Was Zeitmanagement ist, und was es bringt

Zeitmanagement ist eine Verfahrenstechnik, die die Selbstorganisation und die Organisation der Lebensbereiche so gestaltet, daß das vorhandene Zeitkapital optimal genutzt wird.

Zeitmanagement besteht aus folgenden Teilen:

1. Eine Zielstellung, die vorwiegend in der Steigerung der eigenen Effektivität zu finden ist, aber über Zeiteinsparungen auch die Verbesserung der Lebensqualität betrifft.

2. Die Situationsanalyse zeigt, wofür die Zeit verwendet wurde, welche Stärken und Schwächen vorhanden sind. Vor allem ist bei Tätigkeiten zu untersuchen, ob sie notwendig, im Zeitaufwand gerechtfertigt, in der Ausführung und im Zeitpunkt zweckmäßig und sinnvoll waren.

3. Die Planerstellung beginnt bei der Aufstellung des Lebens- und Karriereplans, dem Terminvorgaben zugeordnet werden. Zukünftiges Geschehen ist zu strukturieren, anstehende Aufgaben sind zu erfassen und zeitlich einzuplanen. Zeitplanhilfen werden systematisch eingesetzt.

4. Die Entscheidungsphase verlangt Prioritäten und Hierarchisierungen der Arbeiten nach ihrer Bedeutung für das Erreichen des Ziels. Hilfen bringen die 80:20-Regel, die ABC-Analyse, Dispositionsrechnungen usw. Weniger dringliche Arbeiten und solche niederen Niveaus sind zu delegieren.

5. Der Durchführungsbereich ist nach Dringlichkeit und Bedeutung zu strukturieren, die Arbeitsvorbereitung zu optimieren. Die persönliche Leistungsfähigkeit ist zu berücksichtigen; Arbeitstechniken helfen, aus denkintensiven Neuarbeiten Routinetätigkeiten werden zu lassen.

6 Die Kontrolle stellt Abweichungen von Soll zu Ist fest und hilft, Schwachstellen zu erkennen. Vor allem ist zu überprüfen, was an einem Arbeitstag geleistet wurde, denn Versäumnisse lassen sich nur schwer aufholen. Kontrollen helfen, die Planung immer wieder an die Realität anzupassen.

7 Die Verbesserungsphase folgt der Kontrolle. Sie verlangt nicht nur innere Disziplinierung und Kreativität, sondern auch Informationen von außen: Durch Lesen, Telefonieren, Korrespondenz werden, wie auch auf Messen, neue Methoden erkannt, später erprobt und genutzt. Auch ein Zeitmanagement muß stets dem neuesten Stand angepaßt werden.

8 Die Umsetzungsphasen müssen dem technischen und dem wissenschaftlichen Wandel Eingang verschaffen. Dabei sind nicht immer »permanente Verbesserungen« die beste Lösung, oft bringen völlig neue Wege, technische Einrichtungen und Verfahren den entscheidenden Durchbruch. Ein Beispiel dafür ist die Einführung elektronischer Techniken.

Das Zeitmanagement unterscheidet sich nicht wesentlich von anderen Managementmethoden.
Raum, Kapital, Arbeit, Ausbildung und andere Produktionsfaktoren werden »ausgelastet« oder mangelhaft genutzt. Gleiches gilt für unseren Verstand und unser Leistungsvermögen. Zeitmanagement hat die Aufgabe, nicht nur die Leistung zu steigern, sondern über die Zeiteinsparung unser persönliches Wohlergehen zu fördern.

5 Techniken, um in kürzerer Zeit mehr zu schaffen

Eine Organisation, ein Zeitmanagement isoliert von neuen technischen Errungenschaften und Verfahrensweisen aufzubauen ist ein riskantes Unterfangen.

Stellen Sie sich bitte vor, Sie haben für ein Produkt eine Stückliste zu erstellen. Sie erhalten dreierlei verschiedene Ausstattungen:

1. *Einen Block und einen Bleistift; Sie rechnen im Kopf und in altherkömmlicher Weise auf dem Papier.*
2. *Sie erhalten zusätzlich ein Formular und einen kleinen Taschenrechner.*
3. *Sie bekommen einen Computer mit einem spezialisierten Programm zur Erstellung von Stücklisten mit entsprechendem Speicher.*

Im ersten Fall brauchen Sie 60 Minuten. Die Zeit kann im zweiten Fall durch die technischen Hilfsmittel auf die Hälfte, also auf 30 Minuten, reduziert werden. Im dritten Fall werden Sie je nach Übung fünf bis zehn Minuten, also nur noch 1/6 bis 1/12 der ursprünglichen Zeit brauchen.

Was nutzt uns im ersten Fall eine noch so gute »Zeiteinteilung«?

Um Zeit zu sparen, wird eine optimale Technik gebraucht. Eine Technik kann ein Verfahren sein, mit dessen Hilfe man Zeit spart oder auch eine entsprechende technische Einrichtung mit dem gleichen Effekt.

5.1 Wie man seinen Arbeitsplatz optimal gestaltet

Die Umgebung bestimmt die Leistung mehr, als wir das oft wahrhaben wollen. Wo wir geistige Leistung erbringen, muß nicht immer ein Büro, ein Raum sein! Inspirieren kann genauso gut ein Platz in der Natur, ja oft noch viel besser.

- ▶ Der Raum und seine Einrichtung müssen so beschaffen sein, daß eine Arbeitsstimmung aufkommen kann.
  Je nach der Natur des Menschen wird der eine allein arbeiten wollen, der andere kommt besser in einer Gruppe zurecht.

- ▶ Für die geistige Arbeit muß ein Arbeitsplatz eine ausreichend große Arbeitsfläche und viele Ablagemöglichkeiten haben, der Tisch zusammen mit dem Stuhl entsprechend der Körpergröße »ergonomisch« so gestaltet sein, daß ohne zu große Ermüdung gearbeitet werden kann. Vor allem ist die Reichweite der Arme wesentlich, in diesem Bereich muß nicht nur die eigentliche Arbeitsunterlage liegen, sondern auch das Zubehör, zu dem zum Beispiel Akten gehören können.

- ▶ Man hat bei der Arbeitsplatzgestaltung für Behinderte erkannt, daß bei der üblichen Büroeinrichtung viel Leistung »verschenkt« wird. Ein Wechsel von Sitzen, Hin- und Hergehen und Liegen ist optimal, das dauernde Sitzen vor dem Schreibtisch verkrampft. Auch ein Stehpult kann eine große Hilfe sein.

- ▶ Genügend Licht, Wärme und Luft sind wesentlich für eine effektive geistige Arbeit, ideal ist natürlich ein Blick in die Weite durch ein ausreichend großes Fenster.

Überlegen Sie selbst – was Sie am besten in Arbeitsstimmung bringt und am wenigsten ermüdet – das ist die beste ergonomische Lösung Ihres Einrichtungsproblems.

5.2 Ein besseres Ordnungssystem bringt schnellere Reaktionen

Über ein Jahr seines Lebens verbringt jeder Mensch mit dem Suchen, das haben Pittsburgher Statistiker festgestellt. Es ist deshalb von besonderer Bedeutung, daß wir uns ein Ordnungssystem anschaffen, in dem wir alles Nötige schnell und problemlos wiederfinden.

Das kann sein:

1. eine Pinnwand, auf die Merkzettel gesteckt werden;
2. Zettelkästen, die Ideen und Anregungen enthalten, auch für langfristige Arbeiten gebraucht werden können;
3. Karteien mit Registern helfen, Vorgänge schneller zu finden;
4. Inhaltsverzeichnisse, Quellenkarteien, Bildkarteien, Skizzenkarteien tragen zur Effektivität bei;
5. nicht zuletzt helfen Adressenkarteien die Anschriften wiederzufinden;
6. mit der entsprechenden Software können Computer zu idealen Speicher- und Suchsystemen ausgebaut werden.

► Ziel ist, Unterlagen schnell und sicher bis in das letzte Detail wiederzufinden, wenn man sie braucht.
Jede Minute, die dabei – auch andere Ordnungssysteme können helfen – gewonnen wird, hilft uns bei der Zeiteinteilung.

5.3 Warum nicht mehr Technik und Elektronik nutzen?

Jede Art von Wissensspeicher hat seine Vorteile, auch das alte Notizbuch. Sehen wir uns mal einen anderen Bereich an: Sie sollen etwas »festhalten«.

Welche Möglichkeiten haben Sie?

1. Sie beschreiben zum Beispiel eine Maschine. Das ist langwierig und kompliziert, auch kaum ausreichend rekonstruktionsfähig.
2. Sie erstellen Skizzen. Schon besser, obwohl genaue Skizzen viel Zeit brauchen.
3. Sie fotografieren nach einem bestimmten Raster, von oben, von unten usw. Ein Fotoapparat kann ein ideales Skizzenbuch sein.

Sie sehen, die Technik hilft, Zeit zu sparen und Unterlagen von viel besserer Qualität zu erzeugen. Das Stichwort Elektronik läßt uns

immer an den Computer denken, aber zwischen dem einfachen Rechner und einem großen Gerät ist ein riesiger Unterschied. Dazwischen liegt eine Fülle von Geräten, die zu nutzen sind.
Eines davon ist das Diktiergerät. Als Taschengerät ist es ein hervorragender Notizblock, auf dessen Band wir schnell und einfach Eindrücke wiedergeben können; im Büro können wir allein in Ruhe arbeiten, während früher die Sekretärin ein oft schwer leserliches Stenogramm aufnahm.

▶ **Fazit:** Sie müssen für sich die idealen Geräte auswählen und nutzen!

5.4 Mit dem Telefon Zeit und Arbeit sparen

Das Telefon ist zweifellos eines der bedeutendsten Kommunikationsmittel. In der Regel wird es jedoch falsch angewandt. Da Telefonieren Geld kostet, wird die Zeit auf ein Minimum eingeschränkt. Oft wird es dann unmöglich, das Ziel des Gesprächs zu erreichen, der gesamte Aufwand und eine umfangreiche Vorarbeit werden verschenkt.

Dabei ist das Telefonieren, gemessen an anderen Kommunikationstechniken, außerordentlich preiswert. Angenommen, Sie haben zehn Minuten telefoniert, in aller Ruhe und Ihr Ziel erreicht. Rechnen wir DM 4,50 je Minute = DM 45,– Gebühren plus zehn Minuten Vorbereitungszeit und zehn Minuten Gesprächszeit für Sie. Eine Führungskraft kostet ein Unternehmen heute rund DM 100,– je Stunde, dann haben Sie DM 33,– plus DM 45,– = rund DM 80,– verbraucht.
Eine Tagesreise und ein persönliches Gespräch hätten rund das zehnfache, DM 800,– bis DM 1000,– je nach Entfernung – gekostet.

Selbst sehr teuere Konferenzschaltungen mit mehreren Teilnehmern sind in der Regel rentabel.

Wir sollten uns hier zwei Grundsätze merken:

1 Telefonieren Sie so lange wie nötig, und formulieren Sie absolut klar und sicher.

2 Überprüfen Sie immer, ob mit einem Telefonat eine teuere Reise eingespart werden kann oder auch langwierige Korrespondenz.

Wer mit dem Telefon wirklich gekonnt umgehen kann, der wird in seiner Arbeit effektiver; zum anderen kann er sehr viel Zeit und Kraft sparen, die dann für wesentliche Dinge zur Verfügung stehen und besser eingeteilt werden können.

5.5 Die Kunst der Konzentration und der Entspannung

Wie viele Stapel Bücher sind schon über diese beiden Themen geschrieben worden! Ich will an zwei Beispielen zeigen, wie das in der Praxis funktioniert. Sie können diese Methode unbedenklich einsetzen – auch Sie werden damit Erfolg haben.
Nehmen Sie an, Sie sind betriebswirtschaftlicher Berater, erfahren und seit vielen Jahren erfolgreich.
Sie haben ein Unternehmen zu beraten, das einer in der Öffentlichkeit stehenden, wichtigen Persönlichkeit gehört. Das Unternehmen ist konkursreif. Sie sind die letzte Rettung.
Sie haben all Ihr Wissen eingesetzt, alle Erfahrung, nichts nutzt mehr. Nach stundenlanger intensiver, doch erfolgloser Ursachenforschung wollen Sie schon aufgeben. Nur eine außergewöhnliche Lösung kann noch retten. Hier hilft eine Viertelstunde äußerster Konzentration. Wenn der Mensch vor der eigenen Vernichtung steht, kann er übermenschliche Kräfte entwickeln. Sehen Sie in die Augen Ihrer Partner, in denen Angst und Verzweiflung stehen, dann wird Ihnen schon die richtige Lösung einfallen. Das ist Konzentration.
Wenn diese Lösung besprochen und akzeptiert ist, dann werden Sie gelöst sein, entspannt, und auf einmal gibt es dann mehrere Lösungen, die die Rettungsaktion absichern helfen.
Sie müssen zuerst kämpfen, sich konzentrieren, als ob es um Ihr Leben ginge. Dann kommen die Lösungen fast von alleine. Aber beides bitte nur einmal am Tage, besser nur einmal in der Woche. Sie erschöpfen sich sonst zu sehr.

▶ **Fazit:** Minuten der Konzentration oder der Entspannung können Tage mühsamer Arbeit einsparen!

5.6 Intensiver und selektiver lesen

► Gewöhnen Sie sich bitte an, immer und in jedem Fall so zu lesen, daß Sie den Inhalt einer Seite in einem Satz zusammenfassen können. Das ist gewiß nicht einfach – wenn Sie das aber nicht schaffen, dann haben Sie die Zeit für das Lesen der Seite verschenkt.

Effektiver lesen ist ein Erfahrungsbereich für sich.

Lesen – rationeller, besser, schneller:

⇩

① **Selektieren des Lesegutes**

⇩

② **Verbesserung der Lesemethode**

⇩

③ **Steigerung der Lesegeschwindigkeit**

⇩

④ **Markieren**

⇩

⑤ **Exzerpieren**

⇩

Erhöhen der Effektivität

Schnellere Arbeit wird immer Zeit sparen helfen. Führungskräfte lesen einen großen Teil des Tages.
Wieviel dieses Lesepensums ist wirklich umsetzbar?
Wieviel schneller liest ein »geübter« Leser?
Bestimmte Techniken können die Lesegeschwindigkeit bedeutend steigern. Durch Markieren und durch Exzerpieren werden wesentliche Teile hervorgehoben und zusammengefaßt, schneller wiedergefunden. Einmal dargestellte Zusammenhänge können »im Augenblick« wiedererfaßt werden. Erhöhen Sie Ihre Effektivität durch neue Lesetechniken.

Hier nur so viel:

1 Wenn Sie während des Lesens Lärm, schlechter Beleuchtung, niederer oder hoher Temperatur usw. ausgesetzt sind, dann werden Sie nur rund 100 Wörter je Minute schaffen.

2 Bei idealen Raumbedingungen ist es schon rund das Doppelte, bei rhythmischer Augen – und Blickführung 300 Wörter je Minute.

3. Bei der »Pendeltechnik«, einer besonderen Art rhythmischen Lesens, sind es bereits 400 Wörter, beim Gleiten und Springen 500 Wörter je Minute.

4. Mit besonderen Techniken und viel Übung können bis zu 1000 Wörter je Minute erreicht werden. Also eine Verzehnfachung der Leistung!

Zum anderen müssen Sie lernen, Lesestoff, der wieder verarbeitet werden soll, neu zu strukturieren.

Sie erreichen das durch:

1. Markieren von wesentlichen Stellen.
2. Hervorheben ganzer Felder.
3. Unterstreichen und mit Aussagezeichen versehen.
4. Verbinden von Aussagen.
5. Exzerpieren (herausziehen) von speziellen zusammenhängenden Aussagen.

Sie werden 100 Seiten lesen, um eine gute Seite zu schreiben. Es ist für die Zeiteinteilung nicht gleichgültig, ob Sie dazu eine Stunde oder einen Tag brauchen.

Lese-Slalomtechnik

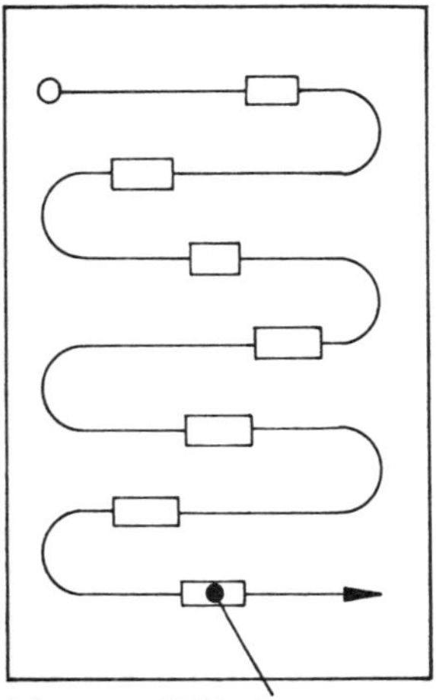

Erfassen von Schlüsselgruppen von Worten

Mit dem Slalom-Lesen wird viel Zeit gespart. Das Auge erfaßt nur die Schlüsselstellen, der Ballast wird nicht aufgenommen. Die Informationsmenge wird auf das Wesentliche reduziert. Probieren Sie bitte diese Technik aus, und überzeugen Sie sich, wie schnell sie erlernt werden kann!

5.7 Schneller, lesbarer, wirkungsvoller schreiben

Es hängt sehr viel davon ab, wie wir uns schriftlich ausdrücken können. Vor jeder persönlichen Vorstellung muß eine exakte schriftliche Bewerbung vorhanden sein, jeder Brief ist eine Referenz für unser Unternehmen und uns selbst, wenn er eben wirkungsvoll geschrieben ist. Ein schlechter Brief zerstört viel Vorarbeit und nimmt uns wertvolle Zeit.*

Von besonderer Bedeutung sind:

1 Die äußere Form ist viel bedeutsamer, als wir es glauben. Ein schlampiger Brief = eine unzuverlässige Firma.

2 Jedes Schreiben muß einen prägnanten, logischen Aufbau haben. Wir haben unserem Partner etwas nahe zu bringen, ohne zu schulmeistern.

3 Die Gedankenführung muß klar sein; Bilder, Skizzen, Diagramme, Tabellen ergänzen und erläutern. Das Fazit muß vorbedacht sein.

4 Briefe müssen kurz, verständlich, in knapper Sprache abgefaßt sein. Fremdwörter sind zu unterlassen, wenn nicht ganz sicher ist, daß der Empfänger sie versteht.

5 Bei Grammatik und Rechtschreibung gibt es keine Ausrede; ist man selber darin schwach, muß man sich Hilfe holen.**

► Jedes Schreiben ist so vorzubereiten und durchzuführen, daß es, bei einer Vorstellung verwendet, zum Erfolg führen müßte. Die Präsentation muß überzeugend und bestechend sein.

Jede Arbeit, die nicht zum Ziel führt, ist verschwendete Zeit. Etwas mehr Sorgfalt, und die Mühe wäre gerechtfertigt gewesen. Wir müßten dann nicht neue Aufgaben zusätzlich dazwischenpressen, würden nicht mit unserer Zeiteinteilung durcheinanderkommen.

---

* Vgl. hierzu »So schreibt man Geschäftsbriefe« (Bd. 229), »So schreibt man Briefe besser!« (Bd. 301), »Musterbriefe« (Bd. 538), alle erschienen im Humboldt-Taschenbuchverlag.

** Hierzu empfehlen wir dem interessierten Leser »Gutes Deutsch« (Bd. 535) und »Fehlerfrei schreiben« (Bd. 615), beide erschienen im Humboldt-Taschenbuchverlag.

5.8 Bildtechniken sagen mehr als tausend Worte

Noch nach langer Zeit kann jeder von uns auf einem Foto – und sei es mit der Lupe – Einzelheiten entdecken, die sofort auf den Zusammenhang schließen lassen.

Ein Bild ist jedem Text überlegen. Und dazu schneller herzustellen! Gleiches gilt für Diagramme, mit denen beispielsweise wichtige Inhalte visualisiert werden können. Zahlen, Worte sagen oft viel weniger aus als einfache Skizzen.

- Wenn Sie schon einen Computer haben, warum verwenden Sie nicht ein Programm, mit dem Sie schnell und verläßlich Tabellen, Schemata und Diagramme erstellen können?
  Auch Darstellungstechniken lassen sich erlernen. Sie sollten noch heute damit beginnen!

- Sehen Sie sich in der Tages- und Fachzeitung jedes Schaubild, jedes Diagramm an, und schneiden Sie diese Visualisierungsvarianten heraus, legen Sie sich einen – persönlichen – Katalog an, dessen Inhalt Sie nacharbeiten.

Glauben Sie mir, es lohnt sich! Nicht nur, daß Sie sich wesentliche Dinge klarer und zeitsparender vorstellen können, derartige Fähigkeiten sind oft Grundlage für den beruflichen Aufstieg.

5.9 Arbeitsgestaltung mit System betreiben

Sind Sie auf den Geschmack gekommen, kreativ neue Techniken der Zeiteinsparung zu entwickeln? Privat und im Beruf?
Sammeln Sie Arbeitshilfen und Arbeitstechniken, wie bei einem Hobby, das ungeahnte Wirkungen bringen kann. Sie werden schneller, besser, wirkungsvoller werden.

Die Kernfrage dieses Kapitels zum Abschluß:

»Mit welchen Techniken können wir mehr in kürzerer Zeit schaffen?«

Die Antwort:

»Wir müssen Arbeitstechniken suchen, finden, auf unsere Bedürfnisse zuschneiden, erweitern, ergänzen, auch mal kürzen, um mit ihrer Hilfe besser und wirksamer zu werden!«

CHECKLISTE:

Sind die wesentlichen ergonomischen und arbeitsgestaltenden Erkenntnisse und Techniken bei meiner Arbeit genutzt?

Arbeitstechniken sind in Einzelpunkte gefaßte Erfahrungen, die in gleicher oder veränderter Reihenfolge Bewährtes übertragen helfen. Beide sparen Zeit und steigern die Leistung.

Stellen Sie sich bitte die folgenden Fragen:

Pos.	Fragen, Fakten, Zusammenhänge	gegeben
1	Verwenden Sie jede Woche eine Viertelstunde dazu, Ihren Arbeitsplatz, sei es ein Büro, eine Maschine oder Ihre Küche, wirkungsvoller zu gestalten?	
2	Finden Sie stets, was Sie suchen, weil Sie ein gutes Ordnungssystem eingeführt haben? Ist dieses System einfach und schnell zu handhaben?	
3	Ist Ihr »Handwerkszeug« wirkungsvoll und gut handhabbar? Überprüfen Sie, ob nicht mit anderen Geräten mehr zu erreichen ist?	
4	Haben Sie gelernt, wirkungsvoll mit dem Telefon umzugehen? Erreichen Sie in mindestens acht von zehn Fällen das, was Sie wollen?	
5	Können Sie sich so stark konzentrieren, daß Sie außerordentliche Lösungen »herbeizwingen« können. Funktioniert das fast immer?	
6	Schaffen Sie es, sich so zu entspannen, daß Ihr Gehirn Ihnen mühelos Lösungen zuspielt, die mit Arbeit nicht erreicht werden können?	
7	Üben Sie täglich, schneller, besser und mit größerem Erinnerungsgrad zu lesen, aufzunehmen und prägnant wiederzugeben?	

Pos.	Fragen, Fakten, Zusammenhänge	gegeben
8	Tun Sie etwas dafür, prägnanter schreiben zu lernen, indem Sie sich gute Muster ansehen, sie studieren und für Ihre Zwecke abändern?	
9	Können Sie fotografieren? Beherrschen Sie die Darstellungstechniken, um mit wenigen Strichen das darzustellen, was ganze Tabellen umfaßt?	
10	Beobachten Sie, wie andere mit Erfolg ihre Arbeiten präsentieren, um damit die berufliche Laufbahn zu fördern und mehr Erfolg zu haben?	

Das Erfolgsgeheimnis Zeiteinteilung basiert zunächst einmal auf der Arbeit mit einem Zeittagebuch. Vorhandene Zeit ist so besser zu strukturieren.

Was nun aber, wenn der gesamte Zeitplan nicht so gestaltet wird, daß der Auftrag erfüllt und der Zweck erreicht wird?

Die innere Voraussetzung der Zeiteinteilung ist dort zu finden, wo wir die einzuteilenden Einheiten durch eine bessere Gestaltung und Strukturierung organisieren und die Erfolgschancen der gesamten Arbeit verbessern!

▶ Das ist das – oder ein – Geheimnis von erfolgreichen Menschen. Sie prüfen erst sorgsam, welche Erfolgschancen ihr Tun hat; erst wenn hier Sicherheit besteht, wird die Aufgabe in Arbeit genommen, die Zeit im Zeitbudget eingeteilt.
Vergessen Sie das bitte nie. Nur erfolgversprechende Arbeiten lohnen, eingeteilt und durchgeführt zu werden.

Die Erfahrung: Einige Techniken, Zeit zu sparen

Was für einen Sachbearbeiter, eine Führungskraft in einem Unternehmen bei seiner beruflichen Arbeit gilt, das müßte bei privaten Tätigkeiten, insofern sie nicht Freizeitvergnügen sind, erst recht gelten. Zeit sparen heißt sein Zeitkapital in seiner Verwendung sorgsam planen, zielbewußt steuern und die Ergebnisse während der Durchführung und am Ende genau kontrollieren.

Einige dieser Techniken, die auf bewährten Methoden und Grundsätzen basieren, sind:

1 Sensibilität für die zur Verfügung stehende Zeit entwickeln

Bei der Untersuchung dieser Frage erschrecken wir, wie wenig Zeit uns eigentlich zur Verfügung steht, unsere Ziele zu erreichen.

Wir werden deshalb:

- Errechnen, wie viele Arbeitstage uns noch bleiben, wie viele Stunden Tätigkeit, Freizeit und Ruhe, um das verbleibende Zeitkapital festzustellen.
- Dagegen werden wir stellen, was wir noch an Leistungen erbringen wollen, welche Wünsche und Träume offen sind.
- Die Differenz ist die Chance, die wir nicht mehr realisieren können, wenn wir nicht ...

Wir müssen erkennen, wie wertvoll und unwiederbringlich Zeit ist, Sensibilität dafür entwickeln.

2 Eigene innere Widerstände überwinden

Wir schwanken, sensibel geworden für Zeitverschwendung, zwischen Resignation und trotzigem Aufbegehren. Wir werden unsere privaten und beruflichen Träume schon noch realisieren!

Deshalb sagen wir uns:

- Niemand weiß, wieviel Zeit ihm noch bleibt, also muß er so vorgehen, als würde er sehr alt werden.
- Wenn wir unsere Ziele erreichen wollen, müssen wir neue Wege gehen, bewährt bei anderen, ergänzt durch eigene Erfahrung.
- Wir werden Furcht überwinden müssen, auch Unbekanntes erproben, Widerstände ausschalten.
- Dazu sind mehr Ordnung und Systematik, Selbstdisziplin, Härte gegen sich selbst und andere, vor allem aber Lernbereitschaft nötig.

Was wir selbst brauchen, ist eine Verhaltensänderung. Dazu gehören Mut, Härte, vor allem aber Einsicht in Notwendiges.

3 Vorausplanen für morgen und übermorgen

Es ist so wunderschön einfach, in den Tag zu leben – aber es ist gefährlich... Wir werden Zeitplanungshilfen brauchen, um mehr in weniger Zeit schaffen zu können.

- Die eigene Arbeitsweise ist mit Tages- und Wochenlisten auf Effektivität und Schwachstellen hin zu untersuchen.
- Die Zeitanteile sind festzustellen, in denen unsere Zeit mehr eigen- oder fremdbestimmt ist; zu große Fremdbestimmungszeiten müssen wir abbauen.
- Die Ziele sind aufzulisten und zu bewerten, der Zeitbedarf festzustellen, nach dem Prioritäten zu setzen sind.

Die Feststellung des Istzustands sowie die Kontrolle darüber, inwieweit die Veränderungen Wirkung zeigen, sind zeitintensiv. Doch diese Feststellungen werden die Schwachstellen zeigen, durch deren Überwindung wir Zeit gewinnen.

4 Das Setzen von Prioritäten läßt Unmögliches möglich werden

Wer alles will, wird am Ende nichts erreichen. Deshalb ist es nötig, unsere Aufgaben nach ihrer Bedeutung zu hierarchisieren, den Umfang in zu bewältigende Abschnitte aufzuteilen.

Wichtig dabei ist:

- Wir schreiben uns die eindeutigen und erreichbaren Ziele auf, schätzen den Zeitbedarf ein und terminieren die Ausführung.
- Zeitpuffer helfen, Unvorhergesehenes unterzubringen, Fehleinschätzungen auszugleichen, ohne daß alle Planungen durcheinandergeraten.
- Wir planen systematisch eine Entlastung von allem Kleinkram und von Arbeiten, die andere besser und schneller ausführen können.

Wichtig ist das, was uns unserem Ziel näher bringt, wo das meiste Geld auf dem Spiel steht, was uns und anderen weiterhilft. Die Aufteilung von Arbeiten nach solchen Rangordnungen hilft Überarbeitung durch Doppelarbeit, Zeitverschwendung und Verzettelung zu vermeiden, Zeit für das Wichtige zu gewinnen.

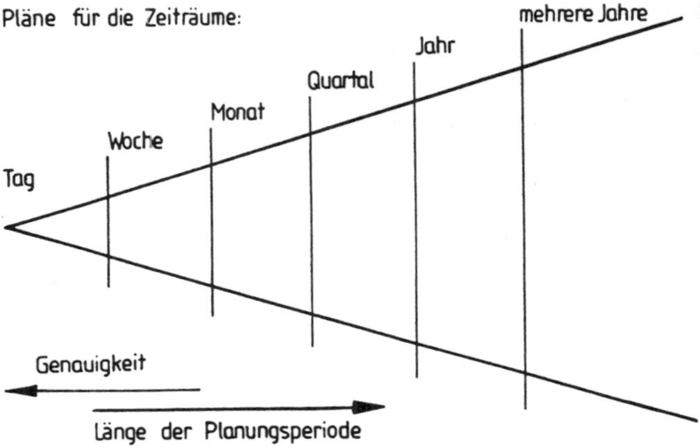

Verhalten von Planungen über verschieden lange Zeiträume. Je länger diese sind, desto ungenauer wird die Planung. Sie wird exakter, wenn sich der Zeitraum verkürzt. Dabei sind verschiedene Schemata möglich, nicht nur der hier dargestellte lineare Keil. Bei vielen Unsicherheitsmomenten wird die Gefahr von Fehlbeurteilungen größer.

5 Stellen Sie Stufenpläne auf

Das Wichtigste ist festgestellt und geplant. Meist sind bedeutende Arbeiten sehr umfangreich. Deshalb ist es nötig, sie in kleinere Einheiten, überschaubar und kontrollierbar, zu unterteilen.

Das bedeutet:

- In geeigneten Abschnitten werden Zwischenabschlüsse eingebaut, nicht nur um zu kontrollieren, sondern auch um effektiver arbeiten zu können.
- Was am schnellsten und preiswertesten eingeführt werden kann, das wird als »Insellösung« vorgezogen und genutzt.
- Sie können Erfahrungen sammeln und größere Vorarbeiten ohne Zeitdruck forcieren, während bereits realisierte Teile Ihrer Arbeitsmethodik Wirkung zeigen.

In Stufen und mit Insellösungen arbeiten heißt nicht nur schneller Teilerfolge erreichen, sondern auch Erfolgserlebnisse haben, die wiederum anspornen, zum Beispiel noch mehr Zeit einzusparen und neu zu nutzen.

6 Unerledigtes markieren

Wir haben nicht nur große, zusammenhängende Aufgaben zu erledigen, sondern oft viele kleinere von unterschiedlicher Dauer und Qualität. Nichts darf vergessen werden!

Deshalb:

- In den Tages- und Wochenplänen werden die nicht erledigten Aufgaben immer wieder vorn angefügt.
- In »Langfristlisten« werden erledigte Arbeiten durchgestrichen, unerledigte mit einem Kringel versehen.
- Bei Arbeitsspielraum wird regelmäßig eine der zusätzlichen Arbeiten dazwischengeschoben und erledigt.

Oft sind diese »Sollarbeiten« sehr viel wirkungsvoller als die »Mußarbeiten« mit enger Terminierung. So kann eingesparte Zeit die Effektivität unserer Tätigkeit bedeutend erhöhen.

7 Gewöhnen Sie sich Arbeitssystematiken an

Sich eine Arbeitssystematik anzugewöhnen bedeutet nichts anderes, als eine der Arbeitstechniken so einzusetzen, daß sie im Unterbewußtsein verankert ist und so wesentlich unsere Denk- und Handlungsweise bestimmt.

Wichtig dabei sind:

- Eine Unterweisungsmethode mit dem Bekanntmachen der Aufgabe, Vorführen, Nacharbeiten und Kontrolle.
- Ein 20:80-System, bei dem sofort die 20 Prozent der wirkungsvolleren Maßnahmen aussortiert und genutzt werden.
- Die ABC-Analyse, bei der in Gut, Mittel und Schlecht unterteilt wird.
- Die Sechs-Stufenmethode der Systemgestaltung mit Zielsetzung, Aufgabenabgrenzung, Datensammeln, Lösungssuche, Wahl der besten Lösung, Lösungseinführung und Kontrolle nach Soll und Ist.

Der Einsatz dieser Methoden, zu der auch die Wertanalyse und andere gehören, erlaubt ein schnelles, zielsicheres Arbeiten mit dem beinahe garantiertem Erfolg – Zeit zu sparen!

8 Die W-Methodik einsetzen

Während Arbeitsmethoden oft spezialisierte Aufgaben haben, läßt sich bei einer jeden offenen Frage die W-Methodik verwenden.

Wir fragen:

- *Was wollen wir?*
  Das Ziel ist festzulegen und zu definieren.
- *Wie wollen wir vorgehen?*
  Damit ist die Methodik festgelegt.
- *Warum schlagen wir diesen Weg ein?*
  Es ist zu hinterfragen, ob die optimale Lösung gefunden wurde.
- *Welche Details sind zu beachten?*
  Das Aktionsprogramm gibt Auskunft.
- *Wo ist die Arbeit durchzuführen?*
  Der Ort ist von großer Bedeutung.
- *Wer wird mithelfen?*
  Ein Team muß zusammengestellt werden.
- *Wann ist die Aufgabe fertig?*
  Die Terminierung schließt ab.
- *Wozu ist das alles gut?*
  Es ist zu überprüfen, ob andere Wege besser sind.

Der Einsatz der W-Methodik schafft eine Vielzahl von Insellösungen, die jeweils eine Strukturierung der Arbeit bringen, später aber in jedes System ohne Wirkungsverlust integriert werden können.

9 Gestalten Sie Ihren Arbeitsplatz neu

In Handwerk und Industrie ist die Arbeitsplatzgestaltung eine der wesentlichen Hilfen, rationeller zu arbeiten. Warum gestalten Sie Ihren persönlichen Arbeitsplatz nicht um?

Besonders wesentlich sind:

- Alle ergonomischen Erkenntnisse helfen, mit weniger Kraft mehr zu erreichen, länger frisch zu bleiben und weniger zu ermüden.

- Raumklima, Ungestörtsein, Lärmpegel und andere Umweltfaktoren sind so zu gestalten, daß die Leistungsfähigkeit erhalten bleibt.

- Technische Hilfen sind in angemessenem Umfang einzusetzen, nur mit gutem Werkzeug kann eine hervorragende Arbeit entstehen.

Ort und Lage des Arbeitsplatzes, seine Ausstattung und seine Eignung können vor allem geistige Arbeitsleistungen nicht nur verdoppeln, sondern oft vervielfachen. Welches Kapital an Zeit wird oft verschenkt!

10 Setzen Sie Aktionspläne ein

Größere Aufgaben sind nicht nur zu unterteilen, sondern auch zu strukturieren. Checklisten und Aktionspläne zeigen aber auch, was dabei für Sie selbst von besonderer Bedeutung ist.

Einige Beispiele dazu:

- Was ist für meinen persönlichen Erfolg besonders wesentlich?

- Wie muß ich vorgehen, um zur richtigen Zeit besser zu sein?

- Welche Aufgaben kann ich delegieren? Von wem kann ich etwas lernen?

- Wo und wie muß ich meine Ergebnisse präsentieren, um einen besonders großen Nutzen zu haben?

Aktionspläne nach Idee, Ratschlag, Methode, Sache, Delegation und Zeit lassen sich beliebig erweitern. Setzen Sie diese zu Ihrem Nutzen ein.

11 Delegieren Sie Unbedeutendes

Im Idealfall sollten wir nur Arbeiten übernehmen, die wir schnell und sicher zum Erfolg führen können. Alle Arbeiten, die für uns unbeutend sind oder die andere genauso erledigen können, sollten wir delegieren.

Einige Tricks sind:

- Sagen Sie: »Das ist für diese Aufgabe einwandfrei die bessere Frau, der bessere Mann.«

- Lassen Sie eine Arbeit so dringend werden, daß sie von Kollegen oder Kolleginnen übernommen werden muß.
- Lernen Sie, Ihre Arbeiten richtig zu »verkaufen«. Übertriebene Bescheidenheit oder Stillschweigen sind oft fehl am Platz.
- Delegieren Sie viele Ihrer Arbeiten, und messen Sie auch diesen Arbeiten Bedeutung bei.

Natürlich – wer macht sich schon Freunde, wenn er seine Arbeit nur verteilt? Sie werden aber erst dann für Ihre eigenen Aufgaben und Ziele genügend Zeit gewinnen, wenn Sie Arbeit richtig einteilen lernen, und dazu gehört auch das Delegieren.

Der Delegationsauftrag enthält

- was
- wie
- wann
- womit
- von wem
- warum

ausgeführt wird!

Auch ein Delegationsauftrag muß klar abgefaßt und unmißverständlich formuliert sein. Es ist klar darzustellen, um was für einen Auftrag es sich handelt, wie er durchgeführt wird, wann er fertigzustellen ist und womit die Arbeiten durchzuführen sind. Auch ist der Ausführende klar zu bestimmen sowie das Warum zu erläutern, die Gründe darzulegen. Um nicht bei einem jeden Auftrag alle Einzelheiten aufführen zu müssen, werden die wesentlichen Punkte schriftlich festgehalten. Das gilt vor allem für die Zuständigkeiten, Vertretungen, Aufgabenbereiche und andere Einzelheiten der Position.

12 Nutzen Sie die Vorteile von Teams

Für ein Unternehmen und im Privatleben haben Teams den Effekt, daß gleichwertige Partner zusammen mehr erreichen, als sie es allein vermöchten.

Folgendes gilt es bei einer Teambildung zu beachten:

- Die Teammitglieder sollten auf ihrem Gebiet Spezialisten sein.
- Koordination und Präsentation der Aufgaben müssen sorgfältig geplant und miteinander abgesprochen werden.

- Dadurch, daß mehrere ihre Zeiteinteilung auf ein gemeinsames Ziel hin ausrichten, ist der Erfolg oft größer, als wenn man sich als »Einzelkämpfer« versucht.

Teamarbeit kann sehr motivierend wirken, doch Zeiteinteilung und Planung sind gerade hier sehr wichtig, weil umgekehrt die Gefahr des »Verzettelns« größer ist.

13 Lob, Tadel, Kritik und Hilfen gezielt einsetzen
Die Steigerung der Effektivität Ihrer »Mitarbeiter« betrifft auch Ihre Leistung. Setzen Sie die »Führungsmittel« gekonnt ein.

Zum Beispiel:

- Lob ist sparsam bei besonderen Leistungen zu verteilen; unter vier Augen, damit es andere nicht merken.
- Tadel bekommt nur die Arbeit, nicht die Person, aber auch da nur so viel, daß die Arbeitsmotivation nicht zu stark beeinträchtigt wird.
- Kritik ist die gröbere Form von Tadel. Sagen Sie: »Hier wurde Mist gebaut, ich helfe Ihnen da raus!«
- Setzen Sie sich mit Ihrem Mitarbeiter zusammen, und erstellen Sie einen neuen, besseren Aktions- und Arbeitsplan.

Die letzte Lösung ist wesentlich besser als alle Kritik oder gar beleidigender Tadel vor anderen. Sie haben zusätzlich mehrere Kontrollstellen gewonnen, an denen Sie die für Sie wesentlichen »Verbesserungen« anbringen können.

14 Nutzen Sie konsequent Leistungshochs
Der Mensch ist nicht zu jeder Zeit gleich leistungsfähig. Das gilt nicht nur zu Zeiten von Krankheit und Gesundheit, sondern auch für den Ablauf der Woche, des Jahres und vor allem des Tages.

Hier gilt:

- Stellen Sie konsequent die Höhepunkte der eigenen Leistungsfähigkeit und der der Mitarbeiter fest, und verlegen Sie kreative Leistungen in das Leistungshoch.
- Genauso füllen Sie Zeiten niederer Leistungsfähigkeit mit Routinearbeiten, für die die vorhandene Energie ausreicht.

- ▶ Nutzen Sie konsequent die Techniken, um Hochs zu erweitern. Verhindern Sie vor allem Übermüdung und das Anwachsen von Ermüdungsresten.

Zeit hat eine unterschiedliche Wertigkeit je nach Situation. Mit etwas Geschick lassen sich Aufgaben so strukturieren, daß man sie genau zu dem Zeitpunkt ausführt, der dazu am günstigsten ist. Das spart viel Zeit.

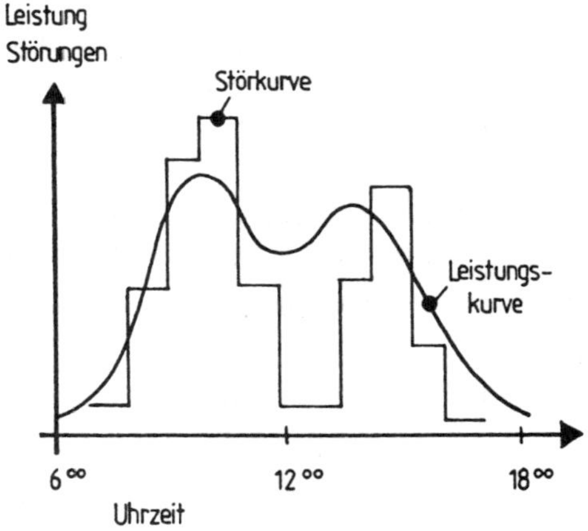

Darstellung der Tagesstörkurve. Interessant ist, daß sich diese recht gut mit der Leistungskurve deckt. Also werden auch die Störer nach der gleichen Regel aktiv! Uns treffen diese Störungen besonders hart, wenn wir eine gleichgelagerte Tagesleistungskurve haben!

15 Lernen Sie »rollierend« planen

Bei einer rollierenden Planung wird ein Gesamtziel – in der Regel Fortbestand und Gewinnoptimierung – angesteuert, auf das alle lang- und mittelfristigen wie auch die kurzfristigen Zielsetzungen auszurichten sind.

Das kann bedeuten:

- ▶ Daß langfristige Planungen zu korrigieren sind, weil sich neue Aspekte ergeben.
- ▶ Mittelfristige Ziele sind beispielsweise durch veränderte Konkurrenzverhältnisse uninteressant geworden, sie müssen in den Grundzügen geändert werden.

- Kurzfristige Ziele sind umzuwerfen, weil sie kein vernünftiges Ergebnis mehr bringen.

»Rollierende«, sich schnell ändernde, Planungen sind nicht nur oft in Unternehmen zwingend, sondern auch im Privatleben. Ein Beispiel ist im Konkurs des Arbeitgebers zu finden, ein anderes im Verlust eines Partners. Beim ersten Fall ist dann ein schnelles und konsequentes Handeln nötig, um den unvermeidbaren Schaden so klein wie möglich zu halten.

16 Neue Arbeitstechniken sind sorgfältig auszuprobieren

Das gilt sowohl für technische Geräte wie die der Elektronik wie auch für Arbeitsverfahren, die im organisatorischen Bereich liegen. Sie werden sich also stets neu informieren müssen.

- Sortieren Sie deshalb Ihre Informationsquellen, zu denen Fachliteratur und Zeitungen, Rundfunk, Fernsehen, Seminare, Veröffentlichungen und eigene Erfahrungen gehören.
- Wählen Sie die idealen aus, ausgerichtet auf Ihren persönlichen Erfolg.
- Sammeln Sie die Erkenntnisse, und selektieren Sie nach Nützlichkeit, Durchführbarkeit, Aktionsprogrammen und anderen Hilfen.

Sie werden dann eine Vielzahl von neuen Hilfen finden, sei es, um mit Menschen besser zurechtzukommen, besser in einer Gruppe zu arbeiten, Fehler zu finden, einzukreisen und auszumerzen, über Anerkennung Freunde zu finden, kurzum, um Ihre Leistungsfähigkeit bedeutend zu steigern. Letztlich ist es diese, die Sie voranbringen wird.

Es gibt tausend Möglichkeiten, Zeit zu sparen und besser zu nutzen.

6 Zeit und Effektivität gewinnen beim Umgang mit Menschen

Manche erfahrene Fachleute glauben allen Ernstes, daß nur zwei Prozent aller »Führungskräfte« in den rein technischen Wissensbereichen und bei der praktischen Arbeit scheitern, 98 Prozent aber beim Umgang mit Menschen. Auch wenn die Relation dieser beiden Prozentsätze nicht so extrem wäre, sollte uns allein die Tragweite dieser Überlegung zeigen, wie verkehrt unser Ausbildungswesen ist. Wir haben dort über das Führen von Menschen, den Umgang mit ihnen anscheinend recht wenig gelernt.
Sie werden sagen: »Ich bin eine Privatperson, für mich gilt das nicht.« Weit gefehlt! Wir führen und beeinflussen alle Menschen – oft mehr als uns und anderen lieb ist. Die Kinder sind auf eine Prüfung vorzubereiten, der durch Mißerfolge verzweifelte Partner aufzurichten, der Urlaub, eine Reise vorzubereiten. Führen wir da nicht? Wenn wir besser führen könnten, könnten wir viel Zeit einsparen. Ja selbst die Einteilung der Zeit für sich und für andere ist eine beachtliche Führungsaufgabe.

6.1 Keine Barrieren beim Umgang mit anderen

Wir alle zeigen in unserem privaten und beruflichen Leben zu wenig Mut. Wir sind unglaublich leidensfähig, bis wir dann explodieren und in unserem Zorn allerhand Porzellan kaputtschlagen. Beides ist falsch.

Stellen Sie sich vor, Sie sind Hausfrau und Mutter, Ihre Kinder bekleckern alles und machen jede Menge Schmutz. Sie sind Anhänger der antiautoritären Erziehung und glauben daran, daß sich diese Zustände und damit Ihre Überlastung von selber geben.

Sie haben eine Barriere zwischen sich und Ihren Kindern aufgebaut, die verhindert, Ihre Erziehungs- und Ausbildungsaufgabe wahrzunehmen.
Freie Menschen müssen aus freier Entscheidung Verantwortung für Ihr Tun übernehmen! Es wird Zeit, daß Sie die selbstaufgebauten Barrieren überwinden, mit Ihrem Nachwuchs sprechen, und wenn das kein Verständnis bringt, die Vielzahl der heute gängigen »Erziehungsmaßnahmen« ergreifen. Sonst werden Sie mit Ihrer Zeiteinteilung nie zurechtkommen.

Es gibt viele Barrieren, die zu überwinden sind. Eine davon ist es, nicht Nein sagen zu können. Eine andere, niemanden um Hilfe zu bitten.

▶ Beobachten Sie sich. Sie werden sehr viele Barrieren finden, die Sie hemmen. Dabei ist doch alles erlaubt, was anderen nicht schadet.

▶ Wir alle müssen mehr lernen, auf Menschen zuzugehen, mit ihnen zu sprechen, zu verhandeln, sie zu überzeugen. Das Leben wird dadurch viel leichter!

6.2 Die Kunst, sich auf Wesentliches zu beschränken

Es gibt wohl nichts Bedeutenderes für uns als unser eigenes Verhalten. Unser Erfolg und Mißerfolg hängen davon ab. Wir haben als Kind ein Übermaß an Selbstbewußtsein und Kreativität mitbekommen, nur hat man uns diese beiden wichtigen Eigenschaften wieder aberzogen.
Wir wissen, daß wir um so mehr Erfolg haben, je mehr wir uns auf etwas konzentrieren und die richtigen Techniken einsetzen.
Wollen wir unserer normalen Tagesarbeit eine andere Richtung geben, nach einer sicheren, selbstbewußteren Methode vorgehen?

Sie müssen dann:

1 sich klar werden, wie wesentlich es für Sie ist, sicherer aufzutreten und sich klüger durchzusetzen;

2 Menschen beobachten, die das können und deren Handlungsweisen auf sich selbst zuschneiden und »nachmachen«;

3. üben, verbessern, immer wieder üben, jedesmal, wenn eine derartige Aufgabe anfällt, dabei nicht den Mut sinken lassen;

4. schließlich die Aufgabenstellungen variieren und austauschen, und immer wieder neu üben, neu verbessern!

Sie haben sich auf etwas sehr Wesentliches beschränkt – nämlich Ihre Selbstsicherheit zu erhöhen, und haben diese Aufgabe anhand Ihrer Tagesarbeit immer wieder geübt. Die Ausrede gilt nicht, Sie hätten keine Zeit. Sie werden in Zukunft mehr Zeit haben, weil die Überwindung von Widerständen weniger Zeit kostet.
Sie haben sicher gemerkt, daß hier eine altbekannte Arbeitstechnik eingesetzt wurde, die Vier-Stufenmethode der Unterweisung – nur mit dem Unterschied, daß Sie sich anhand von Beispielen selbst unterwiesen haben.

6.3 Zeitplanung bei Unterredungen

Mit kaum etwas wird mehr Zeit verschenkt als mit Unterredungen, die ausufern, und mit Zielstellungen, die vergessen werden.

Dabei läßt sich eine Unterredung leicht steuern:

1. Fragen Sie immer zuerst nach dem Zweck der Besprechung, und legen Sie die dafür aufzuwendende Zeit fest.

2. Überprüfen Sie das Ziel, das mit der Unterredung erreicht werden kann, und vergleichen Sie den zu erwartenden Zeitaufwand mit dem möglichen, jetzt einzusetzenden.

3. Scheuen Sie sich nicht, bei zu hohem Zeitaufwand das Gespräch zu verschieben, denn bei manchem Gespräch ist ein Erfolg nur bei einem Mindestaufwand möglich.

4. Führen Sie das Gespräch zielstrebig Punkt um Punkt durch, stellen Sie Zwischenergebnisse fest, fixieren Sie diese schriftlich.

5. Private Gespräche kommen, wenn nötig, an den Schluß, wenn noch Zeit geblieben ist. Vergessen Sie dabei nicht, daß andere Arbeiten anstehen.

Ist das so schwierig? Angst zu haben, jemanden zu kränken, wenn Sie nicht viel Zeit haben, ist auch eine gefährliche Barriere. Wieviel Zeit wird verschwätzt!

6.4 Wie man Besprechungen wirksamer steuert

Konferenzen und Besprechungen gehören zu den teuersten Kommunikationen, die es gibt. Stellen Sie sich vor, was das kostet, wenn eine Reihe hochbezahlter Personen miteinander um eine Bagatelle streiten!

Fünf Personen mal 100,– DM/Stunde bei vier Stunden Streit sind DM 2000,– direkter Verlust, nicht das gerechnet, was unsere Freunde und Freundinnen in der Zeit Produktives hätten schaffen können!

Beachten Sie deshalb bitte folgendes:

1. Überprüfen Sie bitte, ob diese Konferenz überhaupt nötig ist, oder ob eine Person allein die Vorbereitungsarbeit unterschriftsreif gestalten kann.
2. Bereiten Sie die Besprechung sorgsam vor: Ziel, Tagesordnung, Schwerpunkte. Laden Sie so wenig Personen wie möglich ein.
3. Wählen Sie einen geeigneten Zeitpunkt und einen störungsfreien Ort, legen Sie den zeitlichen Rahmen fest.
4. Fangen Sie pünktlich an, und betrauen Sie eine Person mit der Protokollführung und der Einhaltung der vorgegebenen Termine.
5. Lassen Sie nicht von der Tagesordnung ab, halten Sie die Diskussion unter Kontrolle, damit sie nicht in Streit oder Langatmigkeit abgleitet.
6. Zielen Sie immer wieder auf den Kern der Sache, versuchen Sie das Ziel der Konferenz zu erreichen.
7. Wiederholen Sie Ergebnisse oder Entscheidungen, lassen Sie den Protokollführer die Aufzeichnungen vorlesen.
8. Lassen Sie das Protokoll sofort kopieren, und geben Sie jedem Teilnehmer ein Exemplar. Überwachen Sie die Erledigung der Beschlüsse.

Jede Stunde, die bei Konferenzen eingespart werden kann, kommt der Sache zugute oder erlaubt, Aufgaben voranzutreiben, die sonst liegengeblieben wären.

Checkliste zur rationellen Bearbeitung

1. Tätigkeit wählen
   ⇩
2. In Arbeitsphasen zerlegen
   ⇩
3. In logischer Folge zusammenstellen
   ⇩
4. Gruppen bilden
   ⇩
5. Checkliste erstellen
   - Fehleranalyse
   - Schwerpunkte
   - Delegation
   - Erprobung
   - Korrektur
   - Freigabe

Logik zum Aufbau von Checklisten. Bei der Vorbereitung von Besprechungen und vielen anderen Tätigkeiten sind Checklisten unverzichtbare Hilfen. Einmal logisch und systematisch durchdacht, helfen sie, Tätigkeiten und Vorgänge schneller, rationeller, vor allem aber lückenloser zu bearbeiten. Wie bei anderen Rationalisierungsaufgaben wird auch hier die gewählte Aufgabe zerlegt und wieder neu zusammengesetzt, wobei die Aufgabe in gut bearbeitbare Gruppen unterteilt wird. Die Erstellung der Checkliste selbst entspricht dann den Systemen der üblichen Fragelisten.

6.5 Zeitmanagement für Mitarbeiter

Sie haben für sich ein Kontrollsystem aufgebaut, mit dem Sie wesentlich erfolgreicher wurden – nicht nur Zeit besser einteilten, sondern in ihr mehr erreichten. Sie können das Zeitmanagement Schritt für Schritt nun bei Ihren Mitarbeitern anwenden.

Veranlassen Sie also:

1 Jeder Mitarbeiter hat Zeitaufzeichnungen durchzuführen, aufzuschreiben, was er wann ausführte.

2 Gehen Sie mit Ihren Mitarbeitern deren schriftliche Tagespläne durch, definieren Sie Ziele, zeigen Sie »Zeitdiebe« auf.

3 Helfen Sie Ihren Mitarbeitern, Prioritäten zu setzen, wirkungsvoller zu arbeiten, die Aufgaben positiver zu sehen.

4 Bleiben Sie konsequent: Leistungskurven sind zu beachten, Routinearbeit ist zu delegieren, die Aussagen des Zeitplanbuches immer wieder neu zu überdenken und zu nutzen.

Bauen Sie nicht nur für sich, sondern auch für Ihre Mitarbeiter, auch für die Mitglieder Ihrer Familie ein gekonntes Zeitmanagement auf. Mit diesem als Kernstück jeder Arbeitsmethodik wird das Selbstmanagement nicht nur mehr Erfolg, sondern auch mehr Freunde bringen. Sie können Ihre Kraft und Ihre Möglichkeiten vervielfachen.

Aktivitäten-Kontrolliste								
Datum (Beginn)	Aufgabe	Priorität A	B	C	Delegiert	Fertig-gestellt	Beurteilung

Die Aktivitäten-Kontrolliste kann auch eine bedeutende Hilfe für Ihre Mitarbeiter sein. Wichtige Aufgaben sind festzuhalten und zu kontrollieren. Prioritäten müssen gesetzt, Aufgaben delegiert, Beginn und Fertigstellung der Arbeiten festgehalten werden. Die Beurteilung kann bei Delegierung der Aufgabe bereits eine Leistungsbeurteilung für den Mitarbeiter enthalten. Diese Listen helfen, die Übersicht zu behalten, aber auch Zeitverschwendung zu vermeiden.

6.6 Auch Kundengespräche können zu lang sein

Ein Kundengespräch besteht aus der Einführung, dem Überzeugen, das mit der Vorstellung der Produkte verbunden ist, dem Einbau von Einwänden in die eigene Argumentation, dem Preisgespräch und dem Abschluß.

Kundengespräche sind ein Kapitel für sich, selbst Grundsätzliches würde ein ganzes Buch füllen. Doch auch ohne in das Detail zu gehen, ist die Tatsache einsichtig, daß eine exakte Zeiteinteilung, ein Zeit- und Aktionsplan die Chancen eines Abschlusses bedeutend erhöhen.

► Ein Zeitplan ist immer zugleich ein Aktionsplan. Wenn nun an einer Stelle gezögert wird, so wittert der Kunde sicher eine Schwäche und hakt nach. Vor allem ist es wesentlich, zur richtigen Zeit zum Abschluß zu drängen. Man könnte es sich ja auch anders überlegen...

Von der Zeiteinteilung bei Kundenbesuchen wollen wir hier nicht detaillierter sprechen. Von einem Tag Reise bleiben oft nur drei Stunden Gespräch mit dem Kunden oder zum Beispiel fünf Besuche. Wenn nun bei besserer Routenplanung und Zeiteinteilung einer mehr besucht werden kann, so sind das 20 Prozent Effektivität mehr!
Ist das nicht Grund genug, das Zeitproblem bei Verkaufsgesprächen viel sorgsamer zu durchdenken?

6.7 Von der systematischen Gesprächsvorbereitung

Wohl eine jede Dame und ein jeder Herr im Verkauf oder in einer anderen Position wird so sein Rezept haben, seine/ihre Aufgaben zu erfüllen.
Man kann aber derartige Aufgaben nach erlernten Techniken besser erfüllen, auch bisherige Methoden wirkungsvoller werden lassen.

Gehen Sie folgendermaßen vor:

1. Schreiben Sie das Ziel auf. Darunter drei Teilziele, nicht mehr. Davor eine Einleitung, dahinter einen Schlußsatz.

2. Und nun schreiben Sie sich zu jedem Teilziel zehn Plusargumente auf, dahinter mögliche Einwände.

3. Aus dieser Gliederung bauen Sie nun ein Gespräch auf, entsprechend der Aufgabe; ein Verkaufsgespräch hat eine andere Zielrichtung als eine Kritik.

4. »Steht« diese Vorbereitung, schreiben Sie zehn Punkte auf, die die Eigenarten Ihres Partners betreffen. Sie können ihn nun sicher besser einschätzen als vorher.

5 Überprüfen Sie nun, ob Ihre Argumentation auf die Eigenheiten des Partners ausreichend zugeschnitten war – wenn nötig, wird geändert.

Eine Schulstunde ist auch ein Gespräch – ein erfahrener Lehrer wird, bereitet er sich vor, genauso vorgehen, wie eben besprochen. In Minutenschnelle kann man nach diesem Schema auf ein Thema zu sprechen kommen, das vorher noch nie bearbeitet wurde.

Sie sparen mit einer derartigen Hilfe nicht nur viel Zeit, sondern werden auch wesentlich sicherer bei der Erfüllung Ihrer Aufgaben.

6.8 Das Stichwortprotokoll zwingt zur Kürze

Ein Protokoll zu schreiben ist die hohe Schule des Schreibens überhaupt.

- Bei keinem Schriftstück, bei keiner anderen Aussage muß so exakt und prägnant vorgegangen werden.
- Da sind Aussagen so zu formulieren, daß mit ihnen etwas anzufangen ist, daß niemand sich mißverstanden fühlen kann.
- Der Umfang soll so knapp wie möglich sein, aber auch alles Wesentliche ist aufzuzeigen. Protokolle haben dokumentarischen Wert; der Protokollschreiber muß über den Verdacht erhaben sein, etwas unredlich »herbeigemogelt« zu haben.

Weshalb gelingt es nur wenigen Menschen, derartige Protokolle zu schreiben? Sie legen fest, lassen nicht mehr ausweichen, zwingen zum Handeln zu einem bestimmten Termin, verlangen aber vom Schreiber Klarheit, Konzentration und Disziplin.
Auch eine Aktennotiz ist ein Stichwortprotokoll, zum Beispiel, um eine Aussage abzusichern, etwas Wesentliches festzuhalten. Natürlich, auch hier ist die Gefahr sehr groß, daß eine Flut derartiger Protokolle die Zeit »frißt« und mehr schadet als nutzt. In vernünftigem Rahmen angewandt, sind Aktennotizen leichter in die Arbeit des Tages einzubauen, als das zum Beispiel bei einem umfangreicheren Bericht der Fall wäre.

- Festhalten, was nötig ist, so genau, wie es sein muß, aber nicht umfangreicher – auch das spart viel Zeit.

6.9 Für wichtige Dinge ausreichend Zeit lassen

Wir haben viel Zeit eingespart, indem wir sie nicht nur besser einteilten, sondern auch rationeller nutzten.
Um Himmels Willen, was machen wir nun mit der eingesparten Zeit? Geld schaufeln, weil wir nun noch mehr Zeit zum Erledigen von Aufträgen haben?

Wir sollten uns – wenn wir schon über den Umgang mit Menschen und der Zeiteinteilung sprechen – klar werden, was denn wirklich für uns wichtig ist. Dieses wirklich Wichtige im Leben hat oft erstaunlich wenig mit Karriere, mit Geld und mit Vermögen zu tun.

Wichtig ist es, Freunde zu finden, einen Partner, auf den Verlaß ist, um nicht allein, nicht einsam zu sein.

Wichtig ist, sich die Zeit zu nehmen, die Kinder aufwachsen zu sehen, denn keine Stufe der Entwicklung kommt je zurück.

Wichtig ist, für die Kinder auch noch dann Zeit zu haben, wenn sie erwachsen sind, und umgekehrt.

Die schönsten Stunden vergehen zu schnell. Wollen Sie später durch eigene Schuld Versäumtem nachtrauern?

▶ Schreiben Sie doch mal auf, was wichtig ist, heute, morgen, übermorgen. Sie werden sich wundern, welch kleinen Dinge welch große Bedeutung haben können.

Doch zurück zu Zeit und Effektivität:

Unsere Frage war:

»Wie können wir mit Menschen so umgehen, daß wir Zeit und Effektivität gewinnen?«

Die Antwort:

➽ »Wir müssen verstehen lernen, wie Menschen reagieren, was sie wollen, und ihnen zeigen, daß wir denselben Weg gehen – effektiver zu werden und dann Zeit für die wirklich wichtigen Dinge zu haben.«

CHECKLISTE:
Ist alles getan, um einerseits beim Umgang mit Menschen Zeit zu sparen, und um andererseits mehr als bisher zu erreichen?

Wenn Sie es schaffen, nur eine Person, gleich ob es der Ehepartner ist, ein Kollege, die Kinder oder sonst irgend jemand, dazu zu bringen, Ihnen etwas Arbeit abzunehmen, werden Sie mit Ihrer Zeiteinteilung wesentlich besser zurechtkommen.
So betrachtet, ist der Umgang mit Menschen, die Menschenführung eine der wichtigsten Fragen, die das »Erfolgsgeheimnis Zeiteinteilung« betreffen.

Überlegen Sie deshalb:

Pos.	Fragen, Fakten, Zusammenhänge	gegeben
1	Schaffen Sie es, bei eigener Überlastung andere einzuspannen, nicht alles selbst machen zu wollen?	
2	Wehren Sie sich, wenn Vorgesetzte, Kollegen und Mitarbeiter aller Stufen Ihnen immer mehr Arbeit aufbürden?	
3	Machen Sie Ihrem Ärger kräftig Luft, wenn irgend jemand Ihnen zusätzlich unnötige Arbeit macht?	
4	Verlieren Sie jede Angst vor Partnern, wenn Sie benachteiligt werden und das kundtun; bauen Sie Barrieren ab?	
5	Planen Sie bei Unterredungen konsequent die Zeit vor, sagen Sie das bei Beginn klar und deutlich?	
6	Verschieben Sie auch mal ein Gespräch, wenn klar ist, daß für eine flotte Durchführung die Zeit nicht reicht?	
7	Drücken Sie bei endlosen Konferenzen auch mal aus, daß man in kürzerer Zeit zu einem guten Ergebnis kommen könnte?	
8	Motivieren Sie Ihre Familie, Ihre Mitarbeiter dazu, ebenfalls ein Zeitmanagement aufzubauen?	

Pos.	Fragen, Fakten, Zusammenhänge	gege-ben
9	Lassen Sie Ihre Gespräche, gleich ob es sich um Kunden handelt oder um Bittsteller, nicht ausufern?	
10	Bereiten Sie Ihre Gespräche in Gedanken und schriftlich so vor, daß Sie in allen Fragen kompetent sind?	
11	Halten Sie Inhalte von Gesprächen in Stichwortprotokollen fest, um eine dokumentarische Unterlage zu haben?	
12	Wissen Sie auch klar, wofür Sie die Zeit anwenden wollen, die hier »erkämpft« werden soll?	

Jedes Mal, wenn Sie mit Nein antworten müssen, haben Sie wertvolle Zeit verschenkt, weil Sie Arbeit nicht delegierten, nicht klar führten, Schwächen im Umgang mit Menschen haben.
Muß das sein?
Mit etwas Mut können Sie hier Abhilfe schaffen – Ihre Zeiteinteilung wird dann völlig anders aussehen. Sie werden endlich Ihre Begabungen und Ihr Können voll entfalten können.

Die Beeinflussung: Zeit sparen durch überzeugendes Argumentieren

Keine Methode, Zeit zu sparen, kann Widerstände gegen Veränderungen so schnell und gründlich beseitigen wie die Kunst, die richtigen Argumente zur richtigen Zeit so einzusetzen, daß ihre Überzeugungskraft unwiderstehlich ist.
Dazu gehört viel Menschenkenntnis wie auch die richtige Einstellung zu unseren Partnern. Mit Pauschalurteilen oder gar Vorurteilen kommen wir hier nicht weiter; wir müssen die Motive, die Eigenarten und die Verhaltensweisen bis in das Detail kennen.

Hier helfen die folgenden Überlegungen:

1 Der Weg des Verstehens muß vom einfachen zum schwierigen Bereich führen. Jeder Gesprächspunkt, in dem Übereinstimmung erzielt wurde, ist bereits Gewinn.

2. Die Wünsche und Probleme des Partners haben absoluten Vorrang. Sprechen Sie zuviel von den eigenen Problemen, wird Ihr Partner bald »abschalten« und mürrisch werden.

3. Eine Überforderung des Partners führt zwangsläufig zu Widerstand und Aggressivität. Gespräche müssen immer dem fachlichen und geistigen Niveau des Partners entsprechen.

4. Eine Einigung bei strittigen Punkten ist dann am besten zu erzielen, wenn die strittigen Aspekte mit Punkten verknüpft werden, für die breite Übereinstimmung besteht.

5. Wählen Sie immer die Aussage zuerst, die dem Partner eingängig ist und am meisten nutzt, und zwar ihm persönlich! Betonen Sie immer Verbindendes.

6. Vermeiden Sie das Wort »ich«, wenden Sie sich dem Partner zu, betonen Sie sein Können und seine Fertigkeiten, erfragen Sie seine Ansichten!

7. Hören Sie sorgsam zu, was der Partner sagt, lassen Sie ihn die Lösungen finden, applaudieren Sie; stellen Sie nicht Ihre Ansichten in den Vordergrund – auch wenn Sie denen des Partners entsprechen.

8. Verwenden Sie bei Widerständen das »Ja-aber-Prinzip«. Stimmen Sie dort zu, wo der Partner im Recht ist, und führen Sie ihn bitte schonend zu den nötigen Erkenntnissen!

9. Halten Sie immer einen Trumpf im Ärmel, damit die Argumentation nicht unterbrochen werden muß. Fassen Sie selbst die Schlußfolgerungen zusammen.

10. Zeigen Sie beim Erreichen eigener Ziele keine zu große Freude, gratulieren Sie zur erfolgreichen Neuerung, die besprochen wurde, und schließen Sie das Gespräch ab, bevor es sich der Partner wieder anders überlegt.

Vor einem Gespräch über dessen Ablauf nachzudenken verhindert oft, daß Sie mit Ihrer Argumentation verlieren. Eine verlorene Diskussion ist verlorene Zeit.

Wenn Sie das Gespräch vorbereiten und oft Erfolg haben, dann haben Sie nicht nur viel Zeit eingespart. Sie bekommen »mit der Zeit« den Ruf eines gründlichen Fachmanns, dessen Urteil prägnant und durchdacht ist, auf dessen Meinung man hören soll und dessen Arbeit nicht nur dem Unternehmen, sondern auch dem entscheidenden Vorgesetzten nutzt.

Das Führungsmittel: Viel Zeit sparen durch Anerkennung von Leistung

Die meiste Zeit kann eingespart werden, wenn wir jemanden finden, der die erforderliche Arbeit mit uns oder für uns ausführt. Das gilt im Betrieb genauso wie im Haushalt, im Privatleben.
Wie schafft man es, daß diese guten Geister uns auch in Zukunft helfen?

Hier einige Ratschläge:

- Trauen Sie anderen ein realistisches Maß an Leistungsfähigkeit zu.
- Haben Sie bitte keine Angst, Macht und Prestige zu verlieren, wenn Sie Aufgaben abgeben.
- Geben Sie mit der Arbeit auch die Verantwortung ab, um Selbstbewußtsein zu stärken.
- Lassen Sie Ihren Helfern so viel Freiheit wie möglich, helfen Sie, anstatt zu kritisieren.
- Akzeptieren Sie, daß Ihr Partner erst nach einiger Zeit die Perfektion erreicht, die Sie haben.
- Zeigen Sie Ihren Helfern klar das gemeinsame Ziel und die Vorteile für den einzelnen.
- Toben Sie nicht bei Fehlern, sondern suchen Sie gemeinsam die Ursachen, beschränken und beheben Sie den Schaden.
- Erkennen Sie bitte eine gute Leistung vorbehaltlos an, nach einem Maßstab, den jeder versteht.
- Lassen Sie ruhig die Anerkennung viele hören; wenn Sie Ihre Partner achten, werden sie gern mit Ihnen arbeiten.
- Sie müssen vorsichtig mit Kritik sein, denn zuerst ist ein Versagen Ihre Schuld, Sie sind Lehrer und Helfer.
- Erkennen Sie auch bei Fehlern erst das Positive an, um dann gemeinsam nach neuen besseren Wegen zu suchen.

Hier sind Grundsätze der Menschenführung genannt worden. Wenn Sie lernen, mit Menschen besser umzugehen, sie zu überzeugen und ihnen zu helfen, die eigenen Ziele zu erreichen, dann werden Sie selbst sehr viel Hilfe erhalten. Dies bedeutet wieder eingesparte, freie Zeit.

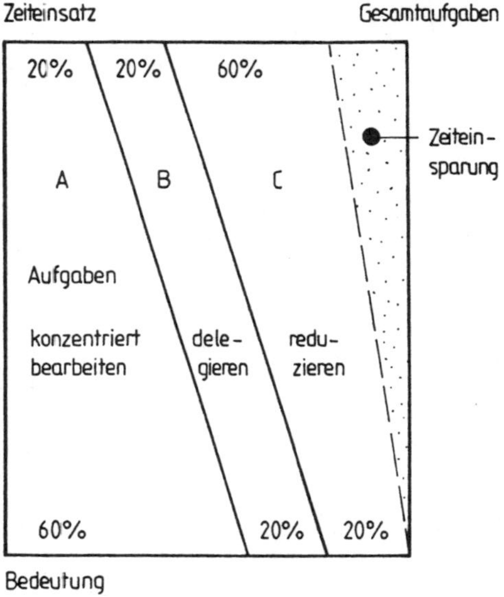

Die Bedeutung von Delegation und Reduzierung. In der Regel können Sie mit 20 Prozent Ihrer Zeit die Aufgaben erledigen, die 60 Prozent der Bedeutung haben. Die nächsten 20 Prozent sind bei weitem nicht so wichtig, sie können delegiert werden. Die letzten 60 Prozent des Zeiteinsatzes sind sorgsam zu überprüfen, sie bringen nur noch rund 20 Prozent an Wirksamkeit. Dort müssen Sie rationalisieren, stark reduzieren. Erst wenn Sie diese Aufgabe erfüllt haben, können Sie auch diese Bereiche delegieren.

7 Die eigene Wirksamkeit vervielfachen – Routinearbeiten abgeben

Bei unseren Überlegungen zur Zeiteinteilung kristallisierte sich ein wesentlicher Bereich heraus: im Umgang mit Menschen Zeit und Effektivität gewinnen. Jeder von uns hat eine sehr begrenzte Leistungsfähigkeit, die fast nie mit unseren Wünschen und Träumen übereinstimmt.

Auch die beste Zeiteinteilung und Steigerung der eigenen Leistungsfähigkeit können Zeit nicht endlos strecken. Das ist aber möglich, wenn wir gezielt und konsequent die Fähigkeiten unserer Mitmenschen nutzen.

7.1 Die Kunst der Delegation von Aufgaben

Um Arbeiten zu delegieren, gibt es viele Möglichkeiten:

1 Wir geben Arbeiten ab, die für uns bereits zu einfach sind. Wir können dann anspruchsvollere Arbeiten ausführen.

2 Wir delegieren Arbeiten, die wir nicht beherrschen oder die andere schneller, besser, billiger, verläßlicher als wir ausführen können. Diese Helfer haben eine andere Ausbildung, und ihnen stehen andere Mittel zur Verfügung.

3 Wir lassen Arbeiten »woanders« durchführen, die wir sehr wohl ausführen können, nur ist der Arbeitsumfang so groß geworden, daß wir ihn allein nicht mehr bewältigen können und Helfer brauchen.

4 Wir entwickeln neue Fähigkeiten: Wir delegieren nicht mehr, sondern vergeben Aufgaben: einfache, gleichwertige, solche mit höheren Ansprüchen.

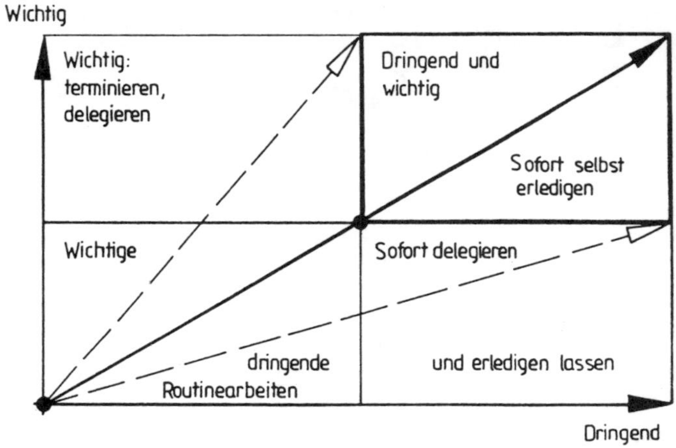

Das Entscheidungsraster nach Wichtigkeit und Dringlichkeit. Mit dieser Verteilungsmethode in wichtige und in dringende Aufgaben lassen sich Routinearbeiten von Tätigkeiten leicht trennen, die delegiert werden sollten. Übrigbleibt, was wichtig und dringend ist – das muß man selbst erledigen.

Übrigens können es die Menschen, die aufgrund dieses Prinzips – der Kunst des Delegierens – erfolgreich wurden, es an Kreativität und Schöpfergeist sehr wohl mit den fähigsten Künstlern in anderen Gebieten aufnehmen.

7.2 Nicht mehr Arbeiten weitergeben, sondern Aufgabenbereiche

Wenn Sie wirklich gute Mitarbeiter halten wollen, die Sie vertreten können (Sie wollen doch auch mal in den Urlaub gehen), dann müssen Sie zweierlei beachten:

1 Zeigen Sie den Mitarbeitern, daß Sie nur Erster unter Gleichen (*primus inter pares*) sein wollen, jeder grundsätzlich gleiche Pflichten und Rechte hat.

2 Vergeben Sie nicht Einzelaufträge, sondern Aufgabenbereiche, die der Partner mit voller Verantwortung zu bearbeiten hat, mit möglichst großer Freiheit im Rahmen von Mindestrichtlinien.

Während Sie sonst jede einzelne Aufgabe in jeder Stufe zu kontrollieren haben, werden Sie nun die Erfüllung der Gesamtvorgabe kontrollieren. Dies erzieht zur Selbständigkeit; für Sie bringt es eine beachtliche Zeitersparnis. Ist Ihr Partner tüchtig, haben Sie eine Menge Zeit gewonnen.

7.3 Vor der Leistung anderer und der eigenen Entlastung steht das »Anlernen«

»In drei Jahren lernt der dümmste Lehrling aus!« Das geflügelte Wort müßte noch ergänzt werden: »..., wenn er den richtigen Lehrmeister hatte!«

Natürlich wird ein zukünftiger Mitarbeiter eine Fülle von Fähigkeiten mitbringen müssen, um seine Aufgaben erfüllen zu können. Eine gute Allgemeinbildung und eine gediegene Fachausbildung sind stets eine hervorragende Grundlage. Solche Leute sind aber teuer und selten, auch heute noch.

► Wir werden immer – mehr oder weniger – unsere »Mitarbeiter« anlernen müssen. Der größte Fehler, den wir begehen könnten, wäre, alles selber machen zu wollen, weil wir es heute schneller und besser können als unsere »Schüler«.

Auch dieses Buch will Sie »anlernen«: Ihnen zeigen, wie Sie durch bessere Zeiteinteilung und Leistungssteigerung mehr Zeit zur Verfügung haben.
Sie werden zuerst – zusätzlich zu Ihrer Arbeit, die infolge unzureichender Techniken womöglich sehr viel Zeit beansprucht – die Anregungen durcharbeiten müssen, sie durchdenken, verinnerlichen. Sie stecken zusätzliche Arbeit hinein, um später eine um so größere Entlastung zu haben.
Genauso müssen Sie bei einem Mitarbeiter erst Zeit und Geld investieren, bevor Sie eine hoffentlich beachtliche – Gegenleistung bekommen.

7.4 Wie man andere motiviert, aktiviert und kontrolliert

Vergessen Sie bitte nie, daß andere Menschen genauso reagieren, so fühlen und oft die gleichen Wünsche haben wie Sie selbst. Ihre Motive sind im Grunde ähnlich denen Ihrer Mitarbeiter. Unter-

schiede mag es zwar im Detail geben, im Grundsätzlichen aber nicht.
Gerade diese grundsätzliche Ähnlichkeit bewirkt die Gegensätze zwischen Unternehmer, Führungskraft und Mitarbeiter. Wenn der Unternehmer sich mehr leisten will, als er dem Mitarbeiter zugesteht, wird dieser demotiviert und langsamer treten. Besonders bei kleinen Unternehmen ist es aus diesen Gründen schon zu einem Zusammenbruch des Leistungsgefüges gekommen.

▶ Aktivieren läßt sich ein Mensch in der Regel nur, wenn sich seine Motive durch Ergebnisse realisieren lassen.

Geld gehört nicht immer dazu, es kann sich auch um Geltung und andere immaterielle Werte handeln (zum Beispiel um ein freieres Arbeiten, wenn Aufgaben und Verantwortung delegiert werden).

▶ Nach dem Prinzip der Delegation von Aufgaben und von Verantwortung hat der Vorgesetzte den richtigen Mitarbeiter auszuwählen, ihn sorgsam einzuschulen, mit den Richtlinien und Zuständigkeiten vertraut zu machen, letztlich seine Aufgabenerfüllung zu kontrollieren.

Um aber etwas kontrollieren zu können, müssen Aufgabengebiete und die Ziele sorgfältig beschrieben werden. Zum Beispiel wird das mit einer Stellenbeschreibung erreicht, die die Angabe der Position, die Aufgaben, die Über- und Unterstellung, die Vertretung und die sonstigen Befugnisse umfaßt.
Kontrolliert werden kann nur das, was vorgegeben wurde. Für Termine und Zeitverbrauch gilt das mehr als für andere Bereiche.

7.5 Assistenten und Mitarbeiter gewinnen

Was ist der Unterschied zwischen Assistent und Mitarbeiter?
Ersterer ist ein Lernender, der unter Umständen zwar bereits eine beachtliche Ausbildung hinter sich hat, aber in speziellen, schwierigen Bereichen noch Erfahrungen sammeln muß.

Ein Mitarbeiter dagegen muß die ihm gestellte Aufgabe selbständig und verantwortlich erfüllen können. In der Regel ist diese gleichwertig mit der eigenen Aufgabe, spezialisiert auf ein Segment, oder, wie in der Verwaltung, beschränkt auf ein Arbeitsgebiet.

Wichtig hierbei sind:

1. Eine Delegation soll entlasten, Zeit für wichtigere Aufgaben bringen.
2. Die Fachkenntnise der Mitarbeiter, ihre Erfahrungen sind zu nutzen.
3. Die Zusammenarbeit soll die Fähigkeiten, die Selbständigkeit und die Initiative der Mitarbeiter fördern und entwickeln.
4. Die Art der Delegation – von Aufgaben und Verantwortung – wird sich auf Leistungsmotivation und Arbeitszufriedenheit der Mitarbeiter positiv auswirken.
5. Arbeitsgebiet und Aufgabenerfüllung sind die Basis der Honorierung in Geld und mit Aufstieg. Nur Vorgegebenes ist vergleichbar und damit kontrollierbar.

Diese Grundsätze gelten sicher für jeden Betrieb. Sie gelten aber auch für eine kleine Gemeinschaft wie zum Beispiel eine Familie. Oft klappt das ganz hervorragend. Ich kenne eine vielköpfige Familie, bei der die gemeinsame Arbeit aufgeteilt wird, weil beide Ehepartner berufstätig sind.

Es wird folgendermaßen vorgegangen:

1. Der Inhalt der Arbeit wird festgelegt – was ist zu tun?
2. Der Ausführende wird benannt - wer ist dran?
3. Warum ist die Arbeit wesentlich – was soll erreicht werden?
4. Umfang und Details der Arbeit, auch der Wechsel der Personen sind festzulegen – wie ist die Arbeit durchzuführen?
5. Der Termin ist zu nennen – bis wann hat die Arbeit fertig zu sein?

► Jeder Beteiligte hat an seinem Arbeitstag ein bestimmtes Zeitbudget einzubringen. Kann die Person an einem Tag nicht, sind die »Zeiteinheiten« zu tauschen. Es funktioniert hervorragend.

Eine Meisterleistung der Einführung, des Anlernens, der Motivation und nicht zuletzt der Zeiteinteilung und der Entlastung.

7.6 Die Rolle der Sekretärin und der Hilfskraft

Eine gute Sekretärin kann als wichtigste Partnerin einer Führungskraft deren Leistung bedeutend steigern, eine schlechte viel Zeit und Effizienz kosten.

Sie hat neben ihrer sonstigen Organisations- und Schreibarbeit vor allem die Aufgabe, die mit ihr abgestimmten Tagesziele, Prioritäten und Termine zu beachten und mitzubearbeiten sowie den Vorgesetzten vor Störungen abzuschirmen.

Ihr Arbeitsplatz ist die Barriere, die Wesentliches von Unbedeutendem trennt.

Das gilt vor allem für Telefongespräche. Das Telefon ist heute das bedeutendste Kommunikationsmittel; die Kriterien, nach denen Telefonate durchgestellt oder angenommen werden, sind sehr bedeutsam.

- Es ist sorgfältig festzustellen, welches Anliegen von der Sekretärin sofort geklärt werden kann oder welche Personen grundsätzlich nicht durchgestellt werden. Umgekehrt muß bekannt sein, welche Personen immer Zugang haben. Gleiches gilt natürlich für Privatgespräche.
- Es hat sich bewährt, Rückrufzeiten zu vereinbaren, um im Block wesentliche Telefonate, nun gut vorbereitet und mit allen Unterlagen versehen, durchzuführen.
- Auch die Art einer Absage, einer Terminvereinbarung muß gut durchdacht sein, denn die Dame am Telefon ist der beste Botschafter des Unternehmens.

In keinem der vielen Bereiche, die eine Sekretärin zu bearbeiten hat, wird so deutlich, wie wichtig die Arbeit dieser hochqualifizierten Fachkraft ist. Eine Hilfskraft mag zwar gut sein, um nach Diktat Briefe zu schreiben, doch sie wird ohne entsprechende Schulung das Unternehmen nach außen hin schlecht vertreten.

Hier wären Zeit- und Geldeinsparungen wohl fehl am Platz, der Verlust von einem guten Auftrag kann sogar ein Unternehmen in Schwierigkeiten bringen.

7.7 Terminplanung mit Zettelwand und Planungstafel

Unternehmen haben ganze Systeme und Berechnungsmethoden, um Arbeiten zu planen, zu steuern und zu kontrollieren, ob die vereinbarten Termine eingehalten werden können.
Vieles kann davon auch auf den privaten Bereich übertragen werden.

Sehen wir uns die einfachen Formen der Übertragung an:

1. Schaffen Sie sich bitte eine Zettelwand an! Das kann eine Weichfaserplatte sein, auf die Zettel mit Nadeln gesteckt werden. Eleganter (aber nicht besser) ist eine Stahlplatte, worauf die Zettel mit Magneten festgehalten werden.

2. Teilen Sie die Tafel in drei Teile – für Dringendes, Erwünschtes und Langfristiges. Die Aufgaben werden auf die Zettel geschrieben und in das entsprechende Feld gesteckt. So geht nichts mehr verloren, auch die Rangreihenfolge ist gewahrt.

3. Bauen Sie sich eine Kalenderplanungstafel auf! Das ist nichts anderes als ein großer Jahreskalender, der – alle 12 Monate – auf einen Karton aufgezogen und an die Wand gehängt wird. Tragen Sie Ihren Urlaub ein, die Geburtstage, aber auch die Zeit von Kursen, die Sie besuchen, die Treffen und was es sonst noch sein mag. Mit unterschiedlichen Farben bekommt man mehr Übersicht. Nun werden Sie nichts mehr vergessen.

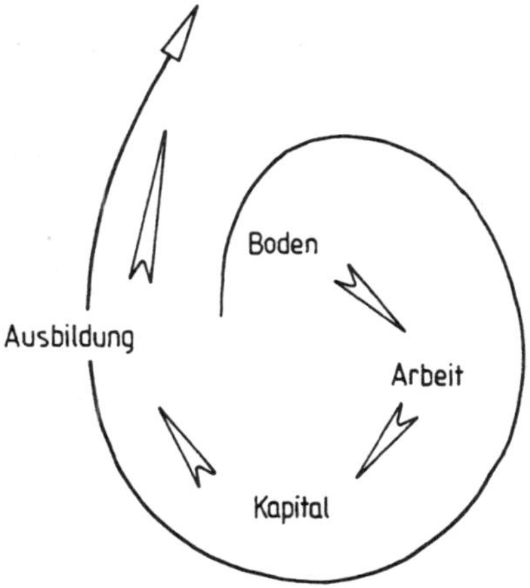

Die Rolle der Zeit beim Einsatz der Produktionsfaktoren. Heute weiß man, daß nur eine gute Ausbildung den rationellen und zeitsparenden Einsatz von Arbeit und Kapital, auch von Raum und Boden ermöglicht. So ist die Ausbildung als vierter Produktionsfaktor hinzugekommen.

Natürlich kann man beides auch in Form eines Taschenkalenders aufbauen, den man immer mit sich herumträgt. In der Regel werden Sie auf diese Hilfe nicht verzichten können. Doch Wandtafeln haben einen großen Vorteil: sie hängen immer da und »drohen«. Vor allem zeigen Kalender, wie die Zeit rast, wie schnell Tage, Wochen und Monate »abgestrichen« werden.

7.8 Leistung verlangt Lohn – nicht nur in Form von Geld

Große Firmen haben ihre Methoden, ihre Mitarbeiter zu »motivieren«. Ihre Arbeitsergebnisse werden nach Punkten oder anderen Maßeinheiten bewertet. Wesentlich ist, daß Leistung nicht nur mit Geld, sondern auch in anderer Münze honoriert wird. Für jede Leistung muß eine Belohnung bereitstehen, sonst halten wir nicht durch! Denken Sie für sich selbst und Ihre Familie, für Ihre Mitarbeiter immer wieder daran:

- ► Nur eine überraschende, zusätzliche Belohnung kann uns immer wieder dazu motivieren, neu zu beginnen, zu verbessern usw.

7.9 Vom Einzelkämpfer zum Team

Wir werden in den Schulen zu Einzelkämpfern erzogen, zu Individualisten, die allein eine Leistung zu erbringen haben und auch einzeln geprüft werden. Dabei ist schon lange bekannt, daß die Kombination von vielen »Hirnen«, von dem Können und den Fähigkeiten der verschiedensten Charaktere, viel schneller zu guten Ergebnissen führt.

- ► Beim Problem der Zeiteinteilung bleibt uns ab einem bestimmten Arbeitsumfang keine Wahl: Wir müssen lernen, Menschen zu führen, indem wir nicht nur Arbeiten weitergeben, sondern auch Verantwortung delegieren. Besonders in der Familie ist das von Bedeutung, denn wir wollen doch keine Befehlsempfänger, sondern verantwortungsbewußte Menschen, die mitdenken, mithandeln, erziehen.

- Wir müssen Ausbilder werden, lernen zu motivieren, zu aktivieren, zu kontrollieren, auch Hilfskräfte zu guten Fachleuten auszubilden. Wir müssen die ganze Palette des Führungskönnens einsetzen, um in einem Team mehr zu erreichen.

Im Team bekommt die Arbeitseinteilung eine andere Qualität: Sie haben nun nicht mehr nur Ihre Zeit einzuteilen und rationell zu verwenden, sondern auch die einer Gemeinschaft.

Die Frage dieses Kapitels lautete:
»Wie können wir durch Abgabe von Routinearbeiten unsere Leistung vervielfachen?«

Die Antwort:

»Wir müssen lernen, nicht nur Routinetätigkeiten weiterzugeben, sondern auch Arbeiten, die andere besser, schneller und wirkungsvoller durchführen können. Wir müssen im Team arbeiten und führen lernen, um größere Aufgaben zu erfüllen.«

CHECKLISTE:

Will ich alles selber machen, oder lasse ich auch andere mitarbeiten und mitgestalten?

Die meisten Menschen sind selber daran schuld, daß sie »bis zum Umfallen« arbeiten müssen. Sie haben Angst, daß bei der Abgabe von Tätigkeiten an andere ihre Bedeutung sinkt und sie nicht mehr so viel gelten wie vorher, gar ihren Arbeitsplatz verlieren.
Arbeiten Sie bitte nicht so viel, daß Ihr Körper irgendwann nicht mehr mitmacht! Jeder wird sagen, daß Sie es nicht anders gewollt haben.

Deshalb sollten Sie die folgenden Fragen sorgsam überlegen, sich prüfen, ob Sie Ihr Leben anders gestalten sollten:

Pos.	Fragen, Fakten, Zusammenhänge	gegeben
1	Gehören Sie zu den Menschen, die glauben, nur sie könnten eine Aufgabe erfüllen?	
2	Fühlen Sie sich dabei nicht nur überlastet, sondern auch nicht genügend gewürdigt?	

Pos.	Fragen, Fakten, Zusammenhänge	gegeben
3	Haben Sie den Mut, jemanden anzulernen, der einen Teil Ihrer Arbeit übernimmt?	
4	Geben Sie Ihrem Helfer auch wirklich eine Chance, lassen Sie ihm Zeit für die Einarbeitung?	
5	Sind Sie schon so weit, daß Sie Ihrem Helfer ein ganzes Aufgabengebiet übertragen, sobald er die Fähigkeiten hat?	
6	Fördern Sie Ihren Helfer, anstatt dauernd an seiner Arbeit und an ihm herumzunörgeln?	
7	Schaffen Sie für sich und für Ihr Team Planungshilfen, damit auch andere wissen, was ansteht?	
8	Spenden Sie Ihren Mitarbeitern auch mal ein Lob, wenn es verdient ist, und zeigen Sie so Ihre Anerkennung?	
9	Lernen Sie, im Team zu arbeiten, die Eigenheiten und das Können der Kollegen zu schätzen, ohne Ängste zu entwickeln?	
10	Haben Sie schon mal einen Plan aufgestellt, wie Sie Ihre Wirkung vervielfachen können?	

Hoffentlich haben Sie die meisten Punkte nicht mit Nein beantworten müssen. Aber auch das ist kein Grund zum Verzweifeln. Fangen Sie heute noch an – schreiben Sie nun gleich drei, oder besser fünf, Punkte auf, mit denen Sie sich entlasten wollen.

▶ Sie sehen, daß das »Erfolgsgeheimnis Zeiteinteilung« ohne wesentliche Änderungen in den verschiedensten Bereichen einsetzbar ist: für die eigene Arbeit, für die Mitarbeiter, für ein Team genauso wie für eine Familie, oder im verändertem Umfang für ein Unternehmen.

Dort – im Unternehmen – war diese Aufgabe schon lange Ziel umfangreicher Untersuchungen. Warum sollten Sie diese Erfahrungen nicht auf Ihre kleinere, persönliche Welt übertragen?
Versuchen Sie es, Sie werden Erfolg haben, wenn Sie nur konsequent genug vorgehen.

Maßnahmenliste zur Arbeitsrationalisierung					
Pos.	Wer führt	was	ab wann	bis wann	durch? (Kontrolle)

Die Arbeitsrationalisierung ist eine der bedeutendsten Maßnahmen der Zeiteinsparung. Was liegt nun näher, als eine Ideenliste aufzustellen, wer wann welche Rationalisierung durchzuführen hat? Gleiches gilt natürlich für uns selbst, wenn wir effektiver arbeiten wollen.

Die Massnahme: Kämpfen Sie sich von Überlastung frei

Wir haben nun viele Gedanken über Zeitplanung, Zeitnutzung, Zeiteinteilung, über Leistungssteigerung und die dazu nötigen Techniken, über die Behandlung von Menschen und die Übertragung von Arbeiten zusammen überlegt, sie erarbeitet, die eine oder andere Lösung erprobt.
An dieser Stelle wollen wir uns schwören, nie wieder der Skalve der Zeit, unserer Zeit, zu werden.

Wir wollen

- nie wieder bis zum Zusammenbruch überlastet sein;
- auf keinen Fall mehr Arbeiten annehmen, als wir auch bewältigen können;
- Selbstdisziplin zeigen, wenn wir wieder schwach werden wollen;
- fähig sein, Nein zu sagen, um nicht zu versuchen, zuviel auf einmal zu tun;

- nie mehr ohne Zielsetzung, klare Prioritäten und Übersicht vor uns »hin wursteln«;
- auf eine Planung von Tag, Woche und Monat nicht verzichten;
- ein schlechtes Ablagesystem, Desorganisation und Sucherei nicht mehr akzeptieren;
- unvollständige, verspätete Informationen, langwierige und unnütze Besprechungen nie mehr dulden;
- unangemeldete Besucher, überraschende Besprechungen nicht hinnehmen;
- uns nicht mehr vom Telefon mit Belanglosigkeiten unterbrechen lassen;
- auf keinen Fall ohne Vorbereitung in Besprechungen gehen, weil keine Zeit blieb;
- wichtige Dinge nicht aufschieben, sondern zu Ende führen;
- nicht warten, bis es anderen angenehm ist, mit uns zu reden;
- auf keinen Fall in Hast und Ungeduld Vorgesetzte über bedeutende Dinge informieren müssen;
- nicht mehr ohne Helfer, ohne ein Team arbeiten.

Wir wollen also nicht mehr nur Arbeitstiere sein, sondern unsere Arbeit neu strukturieren, rationeller durchführen, wirkungsvoller gestalten, damit nicht die Arbeit uns auffrißt und beherrscht, sondern wir sie.
Ab heute soll vieles anders werden. Wir wollen besser, erfolgreicher, aber auch mehr anerkannt werden, als wir es gestern waren.
Gleich, ob wir Hausfrau, Sekretärin, Mitarbeiter, Führungskraft oder der Chef selber sind, wir glauben an die Kraft unseres Wollens, an den Erfolg und an den Sinn dessen, wozu wir uns jetzt entschlossen haben.

8 Wie man Störungen ausschaltet

Oft werden Sie sehr früh mit der Arbeit beginnen, um in Ruhe Ihre Arbeiten zu erledigen. Wissen Sie überhaupt, zu welcher Tageszeit – beziehungsweise Arbeitszeit Sie die beste »Arbeitsruhe« haben?

► Zeichnen Sie doch mal in Ihrer »Störkurve« auf, wie groß die Störungen zu jeder Arbeitsstunde sind! Sie werden unweigerlich zu dem Resultat kommen, daß Sie in Zukunft viel mehr Ruhe brauchen, um effektiver zu werden.

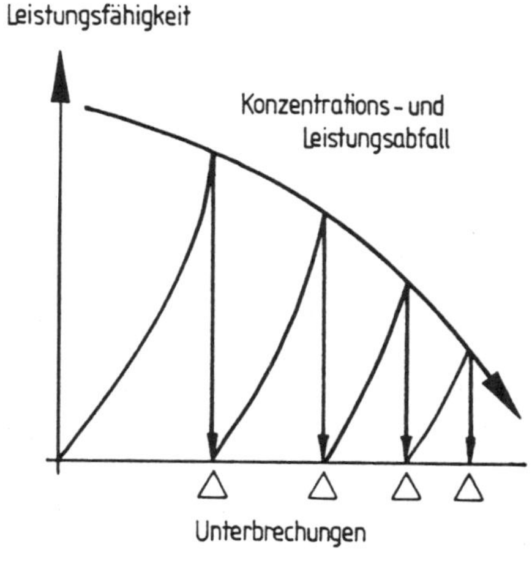

Wirkung von Störungen

Bei jeder Störung wird die Leistungsfähigkeit, bezogen auf eine Aufgabe, stark abfallen. Gleiches gilt für die Konzentration. Sie müssen anschließend wieder mühsam »Fuß fassen«. Durch das andauernde neue Bemühen um Konzentration tritt Ermüdung ein, die zu einem allgemeinen starken Konzentrations- und Leistungsabfall führt. Kurzpausen bringen Erholung, weil die Gedanken bei der Aufgabe bleiben. Störungen reduzieren unser Gesamt-Leistungsvermögen beträchtlich.

Dabei sind das noch nicht einmal die großen Störungen, zu denen langwierige Besprechungen und Konferenzen gehören können.

An vielen Störungen sind die anderen schuld, aber viele gehen auch auf unser eigenes Konto. Wie man beide ausschaltet, sollen die folgenden Überlegungen zeigen.

8.1 Sich selbst und andere an Zeitpläne und Zeiteinteilungen gewöhnen

Bei der »Zeitinventur« (vgl. S. 30ff.) wurden bereits die bedeutendsten »Zeitdiebe« ausgemacht, Störfaktoren identifiziert. Das Telefon läutet laufend, Besucher kommen und gehen, Besprechungen dauern zu lange, wir kommen nicht zu unserer eigentlichen Arbeit. Wer hat da nicht schon mal versucht, etwas aufzuschieben?

Wo bleibt da die Grundregel unseres Zeitplans, nur die Hälfte der Arbeitszeit zu verplanen, den Rest für Aktivitäten, vor allem für kreative Arbeiten, zu reservieren? Störungen werden schnell zum größten Bereich. Hier helfen nur eine laufende Überprüfung und gezielte Gegenmaßnahmen.

Stellen Sie einen Aktionsplan auf; er kann auf folgenden Grundlagen aufgebaut sein:

1 Die Zeiten der höchsten eigenen Leistungsfähigkeit werden festgestellt und für besondere Arbeiten störfrei gehalten.

2 In Zeiten geringer Leistungsfähigkeit wird Routinearbeit erledigt, aufgelaufene Aufgaben en bloc erledigt.

3 Ausgangsbereich darf nicht die Normkurve sein, wesentlicher sind die persönlichen Eigenheiten. Die A-, B- und C-Arbeiten werden danach eingeteilt (vgl. S. 64ff.).

Wenn Sie nun Ihren Tagesplan so »verfeinert« haben, müssen Sie diese Zeiteinteilung eben auch durchsetzen. Das ist oft viel einfacher, als man denkt: Da kreative Arbeiten oft Konstruktionsarbeiten oder solche an einer speziellen Maschine sind, müssen Störungen dort einfach verpönt sein.

8.2 Wie man das Telefon nutzt und gleichzeitig Störer ausschaltet

Wir haben bei der Qualifikation der Sekretärin bereits über die Vorteile dieses Kommunikationsmittels gesprochen (vgl. S. 78ff.).

Trotzdem – das Telefon kann so stark stören, daß die besprochenen Vorteile in den Hintergrund treten. Telefone können geradezu kreative Arbeit zunichte machen. Das gilt vor allem dann, wenn aus einem zügig arbeitenden Team ein Mitglied herausgerissen wird.

- ▶ Hier hilft nur die konsequente Abschirmung durch eine geschickte Sekretärin, die mit den Anrufern einen vorher vereinbarten Rückruftermin ausmacht. Mit diesen Sperrzeiten erreichen wir, daß ein ungestörter Zeitblock zur Verfügung steht, in dem besonders wesentliche Arbeiten vorangetrieben werden können.

- ▶ Zum anderen hat das Rückrufsystem einen entscheidenden Vorteil – alle Unterlagen liegen vor, oft entscheidungsreif. Sie sind also hervorragend präpariert, auf Erfolg geradezu programmiert.

Frageliste für Telefongespräche					
Pos.	Was will ich	von wem	wann	wie	mit welchen Unterlagen ?

Oft sind es die kleinen Dinge, die viel Zeit und Kosten sparen helfen. Eine Frageliste für Telefongespräche zwingt zur systematischen Vorbereitung. Das Gespräch wird schneller, präziser und professioneller durchgeführt. Alles erreichbar mit wenigen Minuten Vorbereitungsarbeit!

Die Versklavung durch ein Telefon kann darin begründet liegen, daß eine Führungskraft überall die Hand im Spiel haben will und anderen, vor allem ihrer Sekretärin, keine ausreichenden Befugnisse einräumen will.

8.3 Mitarbeiter und Kollegen zu eigenen Entscheidungen erziehen

Stellen Sie sich bitte die folgende Situation vor:

In einem größeren Betrieb wird in Schichten gearbeitet; mitten in der Nacht entsteht ein Schaden an einer Maschine; der Meister ruft den Notdienst an (bei größeren Betrieben und Anlagen gibt es einen Notdienst rund um die Uhr); nach wenigen Stunden ist ein Kurier mit dem Ersatzteil (vor allem elektronischer Art) da; in der nächsten Schicht läuft die Anlage wieder.
Immenser Schaden ist für die Firma abgewandt worden. Fehlende Teile hätten den gesamten Produktionsstopp schon wenige Stunden später erzwungen.
Was ist für eine solche Rettungsaktion nötig? Der Meister muß die Befugnis haben, sofort über Telefon oder über Fernschreiber die Reparaturarbeiten zu organisieren, ohne erst weiter fragen zu müssen. Er muß eine selbständige Eigenentscheidung treffen und die entsprechende Rückendeckung haben. Sonst geht viel Zeit verloren, denn alle Räder stehen still.

In unserem beruflichen und privaten Bereich lassen wir oft kaum Spielraum für die kleinste eigene Entscheidung unserer Partner.

Sie müssen dann warten, bis wir die Entscheidung getroffen haben. Dadurch geht viel Zeit verloren.

Müssen Sie als Vorgesetzter alle Auftragsbestätigungen unterschreiben, oder genügt es nicht, den Sachbearbeiter, der ohnedies verantwortlich ist, *i. V.* (in Vertretung) unterschreiben zu lassen?

Ein richtiges Maß an Vertrauen, an Freiheit und natürlich auch Kontrolle kann hier viel Zeit sparen helfen.

8.4 Die Abschirmung vor ungebetenen Besuchern

Besuche können nicht nur empfindlich stören, sondern auch einen Vorgesetzten in Verlegenheit bringen. Nehmen Sie an, einer Ihrer Mitarbeiter – oder Ihr Sohn, Ihre Tochter – kommt mit irgendwelchen Arbeiten zu Ihnen. Sie werden dann immer nur einen Ausschnitt aus dem Arbeitsgebiet zu sehen bekommen. Wie leicht können Sie da aufs Glatteis geraten! Denn es sind keinerlei andere Unterlagen zur Hand; diese müßten erst gesucht und herbeigebracht werden.

Wie einfach ist es im Vergleich dazu, zum Mitarbeiter oder zu den Kindern zu gehen und uns dort zu informieren, zu helfen. Wir können dann die Zeit bestimmen, die wir bleiben; alle Hilfen sind vorhanden.

Es gibt neben den Abschirmtaktiken der Sekretärinnen eine ganze Reihe Tricks, ungebetene Besucher schnell wieder hinauszukomplimentieren:

- Sie stehen auf, wenn der Besucher kommt, begrüßen ihn freundlich, überlegen, ob sein Anliegen Priorität hat oder verschoben werden kann. Im letzteren Fall wird er hinauskomplimentiert. Er hat sich ja noch nicht hingesetzt; so ist das ohne große Probleme möglich.

- Es ist falsch, immer und überall zur Verfügung stehen zu wollen. Beenden Sie das Prinzip der offenen Tür, denn es kostet Sie so viel Zeit, daß die möglichen Vorteile von den Zeitverlusten weit übertroffen werden. Im Extrem ist eine Zeitplanung unmöglich – sicher ein untragbarer Zustand.

8.5 Sollte man zwei Arbeitsplätze haben – einen allgemein zugänglichen und einen ungestörten?

Vor vielen Jahren wurde ich beauftragt, diese Frage zu untersuchen. Es ging darum, die Methode herauszufinden, mit der ein Mensch ein Höchstmaß an geistiger Arbeit leisten kann.

Er braucht dann drei Arbeitsplätze:

1. Einen normalen Arbeitsplatz, der Arbeit im Sitzen, im Gehen und im Liegen ermöglicht – ein für uns sicher sonderbarer Ge-

danke. Bei der Arbeit mit Behinderten, die nicht lange sitzen konnten, zeigte sich der Vorteil dieser Teilung, die Verkrampfungen verhindert. Dieser Arbeitsplatz enthält alles, was normalerweise gebraucht wird, zum Beispiel den Computer und das große Zeichenbrett und vieles andere. Daß auch dieser Arbeitsplatz ergonomisch ideal zu sein hat, versteht sich wohl von selbst.

2 Der zweite Arbeitsplatz ist genauso eingerichtet wie der erste, aber kleiner, ohne Telefon und größere Geräte; ein Computer sollte jedoch vorhanden sein. Auch in diesem Raum befindet sich eine Liege; Bücher bringt man mit, sonst ist alles vorhanden. Hier wird gearbeitet – oft nur stundenweise –, wenn am ersten Arbeitsplatz zu viele Störungen vorhanden sind. Es ist einfacher, sich zurückzuziehen, als sich abschirmen zu lassen. Es ist nun schwer zu sagen, welcher Platz mehr bringt – bei kreativen Arbeiten kann bei zweitgenanntem Arbeitsplatz der Effekt größer sein.

3 Nun gilt es, überall arbeiten zu können. Im Zug, im Hotel, auf der Reise, eben überall. In einem Koffer sind alle notwendigen Unterlagen und Geräte. Immer häufger werden übrigens Kombiwagen zu einem kompletten Büro ausgebaut; nicht mehr nur, um auf einer Dienstreise arbeiten zu können, sondern zum Beispiel in Kombination mit einem Urlaub. Die kreativsten Gedanken kommen dann, wenn das Gehirn ausgeruht ist. Mit einer Stunde am Tag, die man dem kreativen Denken widmet, sind schon die größten Leistungen erbracht worden.

Natürlich werden nicht alle von uns die Möglichkeit haben, sich mehrere Arbeitsplätze zu schaffen. Vor Lärmbelästigung müssen wir uns aber alle schützen – ganz gleich, wieviel Arbeitsplätze uns zur Verfügung stehen!

Hier gibt es mehrere Möglichkeiten:

1 Sie schützen Ihren Körper direkt gegen die Belastungen, zum Beispiel, indem Sie Ihre Ohren mit Wattekügelchen »abdichten«, oder Sie benutzen einen richtigen Ohrenschutz.

2 Sie übertönen den Lärm, zum Beispiel mit Musik, die die unangenehmen Geräusche überlagert. Diese Form der Abhilfe ist nur bedingt zu empfehlen, denn Ihre Konzentrationsfähigkeit wird früher oder später darunter leiden.

3 In Ihrer Freizeit ziehen Sie sich in ruhigere Gefilde zurück; dann müssen Sie allerdings oft lange Anfahrten zum Arbeitsplatz in Kauf nehmen. Die Erholungswirkung wird so wiederum reduziert.

4 Sie lassen Ihre Wohnung mit Schallschutzinstallationen abdichten.

Denken Sie immer daran:

- Wenn Sie die Arbeit »richtig« durchführen, kreativ und neu, oder auch nur gut neu durchdacht, so kann oft wesentlich mehr dabei herauskommen als bei täglich acht Stunden Arbeit in herkömmlicher Weise. Dazu gehört auch, daß Sie Ihre Arbeitsatmosphäre nach Ihren Bedürfnissen gestalten.

8.6 Vom Umgang mit »Genies« – »Alibi-Tätigkeiten« und ihre Vorteile

Es gibt Menschen von einer solch überschäumenden Kreativität, daß sie auch bei einer eigentlich unzureichenden Vorbildung einmalige Leistungen erbringen können. Einer meiner früheren Mitarbeiter war ein derartiger Typ. Was die Natur gibt, nimmt sie auf der anderen Seite. Bei derartig begabten Menschen ist es oft um die Arbeitsdisziplin schlecht bestellt.

Zum anderen gehorcht kreative Tätigkeit wesentlich anderen Gesetzen als normale Arbeit.

Sie müssen sich das so vorstellen:

Da haben Sie und Kollegen unter Umständen Wochen intensiv an einer Entwicklung gearbeitet und sind mächtig stolz auf das Ergebnis. Unser Genie war natürlich mit von der Partie. Und dann ist Freitag nachmittag, da stellt er sich hinter das Reißbrett und fängt zu nörgeln an, entwickelt eine Alternative – warum ist da noch niemand drauf gekommen? Der – nun bessere – Lösungsvorschlag muß nun von neuem überdacht und überprüft werden.

Solche Genies können Sie rauswerfen, dann bringt niemand »Ihnen« außerordentliche, hevorragende Lösungen. Oder Sie geben ihnen »Alibi-Beschäftigungen«, die auch jemand anders hätte ausführen können. Ihre eigentliche Aufgabe ist das Finden der überragenden Lösung.
Es ist sehr schwer zu arbeiten mit diesen Typen (übrigens, auch Kinder haben oft derartige Kreativitätsbegabungen, die ihnen später aberzogen werden). Ihre Zeiteinteilung wird immer wieder über den Haufen geworfen werden.

Was soll's: Wollen wir nur Zeit einteilen und darauf pochen, daß sie eingehalten wird, oder wollen wir Genieleistungen? Die Antwort erübrigt sich wohl.

8.7 Sollte man Störer »produktiv« einschalten?

Wie Sie gerade gesehen haben, sind wir nun bei außerordentlichen Formen der Leistungssteigerung und deren Einflüssen auf Zeiteinteilungen angelangt.

Bei den Störern kommt es darauf an, welche Qualitäten sie haben. Nehmen wir mal nicht den Betrieb, sondern ganz einfach Kinder, Schüler, die sich auf eine Prüfung vorbereiten müssen. Wenn der Störer alle Lösungswege kennt, dann ist er hochwillkommen, nicht nur als Abwechslung.
Auch ein Kritiker ist ein Störer. Wir kennen den Begriff der konstruktiven Kritik, die auf Fehler hinweist, die oft leicht beseitigt werden können.

Wer ist in einem Betrieb der größte Störer? Sicher derjenige, der gekündigt hat oder den wir entlassen mußten. In jedem Fall geht hier eine Fülle an Zeit verloren, die für die Einarbeitung eines neuen Mitarbeiters gebraucht wird. Das kann für uns eine sehr große Belastung bedeuten, die jede Zeiteinteilung durcheinanderwirft.

▶ Und trotzdem – auch diese Personen können dazu beitragen, daß Fehler erkannt werden, die immer wieder zu Zeitverlusten führen. So gehört es zu den Führungsprinzipien, mit einem ausscheidenden Mitarbeiter ein ausgiebiges, offenes Gespräch zu führen. Sie oder er soll ruhig Dampf ablassen!

Bei einer Familie kann es umgekehrt sein. Junge Menschen lösen sich heute vom Elternhaus in Stufen, die oft mit 16 Jahren beginnen und mit 27 Jahren noch nicht beendet sind. Dort kann eine Trennung – auf Zeit oder ganz – zur Entlastung auf beiden Seiten führen, zu einem völlig neuen Zusammengehörigkeitsgefühl auf Distanz.

8.8 Die Arbeit abwechslungsreich gestalten bringt Kreativität

Viele Störungen – oft die unangenehmsten – werden von unserem Körper verursacht. Damit sind hier nicht körperliche Beeinträchtigungen wie Zahnweh oder eine organische Krankheit gemeint, sondern die Eigenarten unseres Körpers, auf Arbeitsbelastungen zu reagieren. Nehmen wir nur eine davon – die Verkrampfung.

Diese kann körperlicher oder geistiger Art sein:

1 Die körperliche Verkrampfung wird meist durch eine altertümliche, längst überholte Art zu arbeiten verursacht. Wir sitzen stundenlang auf Stühlen, die »Marterinstrumente« sind. Die Sauerstoffversorgung unseres Körpers wird beeinträchtigt, bis sich Unwohlsein, Schmerzen und im Extremfall Krämpfe einstellen. Wir sollten unsere Körperhaltungen bei der Arbeitsausführung sorgfältig überprüfen.

2 Viel krasser noch sind die Gefahren der geistigen Verkrampfung. Vor allem die Mißachtung der Leistung ist es, die schon dann zu einem Leistungszusammenbruch führt, wenn die tadelnde Person den Raum betritt. Zum anderen kann bereits allein das Vorhandensein einer unangenehmen Person zu schweren Leistungseinbrüchen durch geistige Verkrampfung führen. Hier hilft oft nur eine gründliche räumliche Trennung.

► Verkrampfungen – gleich, welcher Art – werden am besten durch einen ständigen Wechsel der Körperhaltung, besser noch der Tätigkeiten bekämpft. Arbeiten im Sitzen, im Stehen und im Liegen, Belastung der verschiedenen Muskeln, geistige Tätigkeit zwischen Anspannung und Routine, wie in einem Intervalltraining, Planung und Ausführung von Gymnastikmaßnahmen können eine wesentliche Steigerung von Wohlbefinden und Leistungsfähigkeit bringen.

Je besser wir uns auf Dauer fühlen, um so mehr wird unsere Zeiteinteilung klappen, und um so mehr Spielraum – auch für kreative Tätigkeiten – werden wir gewinnen.

Die Kernfrage des Kapitels lautete:

»Wie schaltet man Störungen aus, die unsere Zeitplanung gefährden?«

Die Antwort:

»Wir müssen uns angewöhnen, innere und äußere Störungen verstandesmäßig zu erfassen, zu durchdenken, sie mit den richtigen Methoden einzudämmen beziehungsweise zu eliminieren«.

CHECKLISTE:

Wurde alles unternommen, um möglichst ungestört zu bleiben, aber gleichzeitig die Kontrolle zu behalten?

Am ungestörtesten ist derjenige, der weit weg vom Trubel der Zeit, zurückgezogen sein Leben genießt. Wir stehen aber mitten drin, müssen Kontakte halten. Ganz ohne Störungen wird es nicht gehen; doch muß irgendwie ein Gleichgewicht geschaffen werden, um wesentliche Arbeiten vorantreiben zu können.

Wichtig sind dabei die folgenden Punkte:

Pos.	Fragen, Fakten, Zusammenhänge	gegeben
1	Haben Sie schon festgestellt, wann wie viele Störungen Ihre Arbeit beeinträchtigen; haben Sie die Störkurve aufgezeichnet?	
2	Haben Sie eine Liste der wesentlichen Zeitdiebe erstellt, ihre Anteile in Zahl und Zeit festgelegt, einschließlich der prozentualen Anteile?	
3	Nehmen Sie Ihre Leistungskurve als Grundlage für die Einteilung der A-, B- und C-Arbeiten. Verhindern Sie Störungen im A-Bereich?	

Pos.	Fragen, Fakten, Zusammenhänge	gegeben
4	Lernten Sie, den »Störer Telefon« auszuschalten und dabei gleichzeitig besonders gut zu nutzen?	
5	Lassen Sie Ihren Kollegen, Mitarbeitern und Familienmitgliedern so viel Spielraum, daß sie mehr Eigenentscheidungen treffen?	
6	Klappt die Abschirmung gegen ungeliebte Besucher im Betrieb und auch privat; kennen Sie die Techniken, sie zu verscheuchen?	
7	Haben Sie sich mindestens zwei, besser drei Möglichkeiten geschaffen, wirkungsvolle Arbeitsplätze zu nutzen?	
8	Benutzen wir Alibi-Tätigkeiten, um beispielsweise kreative Aufgaben besser erfüllen zu können und ungestört zu sein?	
9	Gelingt es uns, auch störende Mitarbeiter und Familienmitglieder so zu integrieren, daß sie letztlich positiv wirken?	
10	Können wir Störungen aus der Umwelt und durch unsere Eigenheiten mittels »Intervalltätigkeiten« verhindern oder mindern?	

Eine Welt ohne Störungen wäre zu schön. Um aber am Ball zu bleiben, brauchen wir die Kommunikation mit den Mitarbeitern.

- Dabei ist es wesentlich, daß wir bestimmen, wann wir uns »stören« lassen wollen. Warum nicht im Betrieb und im Privaten gewisse »Sprechzeiten« einrichten? Dort können die auftretenden Probleme in Ruhe gelöst werden, ohne daß wesentliche Arbeiten und die dazu nötige Konzentration immer wieder unterbrochen werden.

- Störungen in den Griff zu bekommen ist ein wesentlicher Teil der Arbeitsorganisation. Deren Aufgabe ist es vorrangig, durch Verbesserung der Maßnahmen und der Einteilung der Abläufe Zeit und Energie zu sparen.

Die Zielsetzung: Wir wehren uns gegen Störungen

Wir werden

- nur in einem bestimmten Teil unserer Arbeitszeit für jedermann zu sprechen sein;
- »Sprechstunden« einplanen;
- die Effektivität dieser Sprechzeiten laufend kontrollieren;
- konsequent an dieser regelmäßigen Einrichtung festhalten;
- Anregungen nach realistischer Prüfung geben;
- mögliche Zeitüberziehungen durch die Sprechzeiten sofort wieder ausgleichen;
- bei Wesentlichem um schriftliche Vorschläge und ausgearbeitete Aktionspläne bitten;
- nicht erledigte Themen gezielt in unsere Arbeitsplanung übernehmen;
- Zeiten und Termine für die Realisierung von Besprochenem ausmachen;
- die Erledigungstermine auch überprüfen;
- Arbeiten an den Anreger delegieren, dabei Prioritäten setzen;
- sich selbst vor Überarbeitung durch die vielen Anregungen schützen.

Was meinen Sie: Die Kunst des Führens liegt oft darin verborgen, daß die richtige »Organisation von Unangenehmem« eine Quelle der Kreativität erschließt. Warum soll es da bei den Störungen anders sein?

9 Für ganz Eilige: Wie ist nun eine bessere Zeitplanung zu erreichen?

Hier soll zusammengefaßt aufgeführt werden, was bei der Zeiteinteilung wesentlich ist, wie am besten vorgegangen werden kann, warum gerade der betreffende Einzelbereich so wesentlich ist.

9.1 Der Gesamt-Zeitplan: Ansprüche, Ausführung, Nutzen

Wir haben bei unseren Überlegungen beim Tag begonnen, weil dies eine überschaubare Zeiteinheit ist und deshalb leicht zu bewältigen. Wer tiefer in die Chancen der Zeitplanung eindringt, wird anders vorgehen.

Er wird sich die folgenden Unterlagen sorgfältig erarbeiten:

1 Einen Lebensplan, der realistisch die Chancen und die Möglichkeiten umfaßt und anhand dessen überprüft werden kann, was geplant und was erreicht wurde.

2 Mehrjahrespläne sind nötig, um den beruflichen Werdegang in den Griff zu bekommen, die Laufbahn zu steuern, anzupassen und zu beeinflussen.

3 Jahrespläne helfen, die Feinplanung der Karriere vorzunehmen, größere Ziele genauer zu analysieren und anzusteuern.

4 Monatspläne werden aus Quartals- und Jahresplänen entwickelt; sie dienen vor allem der Kontrolle des Fortschritts, gegebenenfalls der Korrektur oder des Aufholens von Verzögerungen.

Lebensplan für Wunsch-, Berufs-, Karriere- und Besitzziele							
Pos.	Ziele	Termin	Maßnahmen in Stufen	bis	Bedeutung		
					A	B	C

Wer kein Ziel hat, der kommt nirgendwohin. Warum schreiben Sie nicht Ihre Lebensziele auf, legen Ihre Wünsche fest? Auch das ist ein Problem der Zeiteinteilung. Die Natur hat für uns bestimmt, wann wir was schaffen können. Ein Lebensplan hilft, den Zeitaufwand auf die wirklich wichtigen Ziele zu konzentrieren und sich nicht zu verzetteln.

5 Der Wochenplan bringt eine möglichst genaue Vorausschau, worauf man sich konzentrieren muß, welche größeren Aufgaben erfüllt werden müssen, was noch wünschenswert wäre.

6 Der Tagesplan dient letztlich der konkreten Umsetzung der Pläne in schrittweisem Vorgehen.

Ausgang ist der Lebensplan, die Realisierung geht in Stufen vonstatten, immer feiner und detaillierter werdend. Eine derartige Planung muß sicher nicht umfangreich, aber dafür ernst gemeint und konkret beschrieben sein. Sie hat sogar in einem Taschenkalender Platz. Sie hilft, Ziele nicht aus dem Auge zu verlieren, ohne Zeit- und Einkommenseinbußen voranzukommen und viel zu erreichen.

9.2 Das Setzen von Prioritäten und Schwerpunkten, deren Einplanung und Einstufung

Zwei Gesichtspunkte sind bei jeder Zeiteinteilung von besonderer Bedeutung:

1 Ziel und zur Verfügung stehender Zeitraum dürfen weder zu einer Über- noch zu einer Unterforderung führen.

2 Jeder einzelne Abschnitt muß, wie bei den Zeitplanungsüberlegungen gezeigt, klar zur Erfüllung eines großen Ziels führen.

Dabei ist nun zu beachten:

► Priorität hat jeweils das übergeordnete Ziel, nicht das am dringlichsten erscheinende oder das aktuellste.

1	Ordnen	Schritte zur besseren Organisation des Arbeitsablaufes
2	Planen	
3	Terminieren	
4	Optimieren	

Viele Menschen fühlen sich von zu vielen Regeln und Vorschriften eingeengt; sie glauben, sich nicht ausreichend entwickeln zu können. Für diese wurden die Regeln zur Verbesserung der Organisation des Arbeitsablaufes auf die vier Kernstufen reduziert. Realisiert werden die Maßnahmen dann nach individuellen Überlegungen, unter denen oft originelle, gute und nachahmenswerte Strategien sind.

► Schwerpunkte sind dort zu setzen, wo sich unsere Fähigkeiten am besten auswirken. Sie müssen und können – entsprechend unserer Lebensentwicklung – diesen Stärken laufend angepaßt werden.

► Rangreihen ordnen die Tätigkeiten nach Bedeutung, nicht nach dem, wie eilig sie sind. Routinearbeiten können nie in der Rangreihe obenan stehen. Das würde eine Laufbahn blockieren.

- ▶ Die Einplanung nach Priorität, Schwerpunkt und Rangreihe hat in allen Planungsstufen die Weiterentwicklung fachlich und persönlich zu berücksichtigen.
- ▶ Die Einstufung nach dem Grad der persönlichen Wünsche hat flexibel zu sein, denn auch unsere Zielsetzungen erfahren Wandlungen.

Wir arbeiten zwischen Wunsch und möglicher Wirklichkeit. Jede Stunde verlorener Zeit in der Gegenwart nimmt uns ein Stück der Chancen.

9.3 Die Ausschaltung von unrealistischen Einschätzungen und die Förderung realistischer Zeitplanung

Es ist ein Problem der Fortschritts- und Konsumorientierung in unserer Zeit, daß vor allem bei jungen Menschen Erwartungen und Wünsche geweckt werden, die sich kaum oder gar nicht realisieren lassen.

Hier ist zu beachten:

1. Zu einer außerordentlichen Leistung gehört eine entsprechende Begabung. Nicht alles läßt sich mit Fleiß und Zeitaufwand bewältigen.
2. Zu bestimmten Berufen und Tätigkeitsfeldern gehört eine entsprechende Vorbildung; sie ist im fortgeschrittenen Lebensalter nur selten nachzuholen.
3. Wir verändern uns – das ganze Leben lang – etwa in Abschnitten von fünf bis sieben Jahren. Aufgaben, die die Natur uns für diese Abschnitte bestimmt hat, lassen sich später fast nie mehr erledigen.
4. Neben der Einschätzung der eigenen Fähigkeiten ist die des Zeitbedarfs für die Erfüllung einer Aufgabe wichtig.
5. Es ist nicht selten, daß zwischen der Idealplanung und der Realisierung Pufferzeiten von 40 oder 50 Prozent der Idealzeit eingeschoben werden müssen.

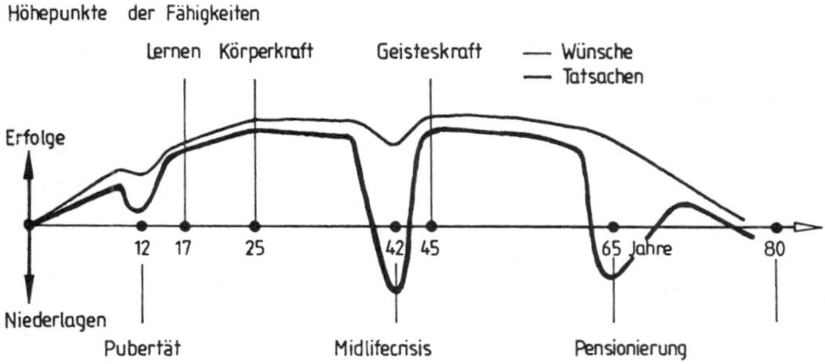

Graphische Darstellung von Erfolg und Niederlage im Lebensablauf. Auch eine Idealkurve hat Einbrüche in Zeiten geringerer Leistungsfähigkeit. In unserem Fall traten diese in der Pubertät, in der Midlifecrisis und beim Pensionierungsschock besonders stark auf. Sie hätten vermieden werden können, wenn sich zum Beispiel der oder die Betroffene mit den Forschungsergebnissen zu diesen Problemen befaßt hätte. So wäre es sicher möglich gewesen, sich auf diese Zustände vorzubereiten, den Schwierigkeiten auszuweichen. Wir dürfen nicht den Fehler begehen, Minuten zu sparen und dabei Lebensjahre durch fehlende Vorbereitungen auf Änderungen zu verlieren.

6 Die kreativen Fähigkeiten werden überschätzt. Eine erfolgreiche berufliche Laufbahn braucht in gleichem Maß Fleiß wie Ausdauer.

Einer der Hauptfehler bei Zeitplanungen ist die mangelnde Kommunikation mit erfahrenen Personen.
Wer Erfolg haben will, muß sich in seinem Vorgehen sorgsam beraten lassen und Ratschläge auch gut durchdenken, auf die eigene Situation übertragen.

9.4 Die Vermeidung von Hetze, Ungeduld und Nervosität durch bessere Zeitplanung

Eine der wesentlichen Voraussetzungen für einen außerordentlichen beruflichen und privaten Erfolg ist die Fähigkeit zur Gelassenheit. Gelassen ist in der Regel derjenige, der Situation und Beruf voll im Griff hat.

Von Bedeutung ist:

1 Hinter jeder Zielsetzung muß die Sicherheit des Erfolgserlebnisses stehen. Eine vorzeitige Zielerfüllung bringt eine Ruhephase und Spielraum für einen neuen Anlauf, ein Scheitern, Verzweiflung und Störungen des Selbstbewußtseins.

2 Ungeduld und brennender Ehrgeiz sind schlechte Berater. Sie führen oft zu einem körperlichen und geistigen Zusammenbruch, der um Monate und Jahre zurückwirft. Weniger kann letztendlich mehr sein.

3 Die Erwartungshaltung anderer ist auszuschalten, denn sie kann zu stark antreiben, jede realistische Zeitplanung verhindern. Wer Erwartungen an jemanden haben will, der muß diesem zuerst Hilfe leisten, die Aufgabe zu erfüllen.

Zeitplanung vom Lebens- bis zum Tagesplan kann Streß und drükkende Belastung reduzieren. Sie zeigt, daß in Ruhe und in Schritten wesentliche Ziele erreicht werden können, auch wenn im privaten Bereich nicht zu viele Abstriche gemacht werden. Ein Gewöhnungseffekt an Arbeit nach Plan führt zu einer gelassenen Grundstimmung, einer ausgeglichenen Persönlichkeit.

9.5 Die Zeitplanung »auf Lücke«, um jederzeit Unaufschiebbares und Wesentliches dazwischenschieben zu können

Innerhalb Ihrer Gesamt-Zeitplanung – gleich auf welcher Stufe – können andere Aufgaben überraschend Vorrang erhalten. Deshalb ist in der Planung immer eine »Lücke« von 20 bis 40 Prozent des Volumens für diese Sonderheiten zu reservieren.

- Tritt der »Notfall« nicht ein, kann die Zeit für Weiterbildung genutzt werden. Es ist wesentlich einfacher, Aufgaben vorzuziehen, als mit einer Überlastung fertigzuwerden, die durch hinzukommende, unvorhergesehene Arbeiten entstanden ist.

- Es ist zweckmäßig, auch diese Zeit langfristig zu verplanen, damit beim Freiwerden von Zeiteinheiten diese nicht mit Einzelarbeiten verplempert werden, sondern für ein größeres, bedeutenderes Ziel eingesetzt werden. Diese »Zeitplanung für Wunschergebnisse« kann sich auf den Jahres- oder Mehrjahresbereich beziehen.

9.6 Delegation von Routinearbeiten – Zeitgewinn für Kreatives

Ihr Ziel muß sein, von dem verplanten Tag eine Scheibe, und sei es nur eine halbe Stunde, für Ihre Fortbildung abzuschneiden. Ihr ganzes Leben lang! Wenn man nur will, klappt das jeden Tag.
Die wirksamste Form von Zeiteinteilung mit Spielraum für besondere Aufgaben liegt sicher nicht nur in der Steigerung der eigenen Leistungsfähigkeit, sondern in der Weitergabe von Arbeiten.

- ▶ Füllen Sie deshalb Ihren Tagesplan mit rund 50 bis 60 Prozent A-Tätigkeiten, den Rest reservieren Sie für Unvorhergesehenes und eigene Weiterbildung. Was übrigbleibt, wird »erbarmungslos« weitergegeben. An Spezialisten, die die Arbeit besser und schneller durchführen als Sie, und an Hilfskräfte diejenigen Arbeiten, die diese voll beherrschen und billiger ausführen als Sie selbst.

- ▶ Wenn irgend möglich, geben Sie dabei nicht nur Aufgaben ab, sondern auch Verantwortungsbereiche, die Sie nur noch kontrollieren.

Ein Unternehmen wird immer so viele Arbeiten umfassen, daß Sie am Ende diese nicht mehr in Ihrer Zeitplanung unterbringen können. Schaffen Sie in Ihrer Zeitplanung rechtzeitig Raum, um über den Dingen stehen zu können, nicht erdrückt zu werden.

9.7 Wie man die Zeit bei Gesprächen und Besprechungen einteilt

Sie müssen sich die Zeit einteilen und delegieren, sich von anderen nicht deren Zeitplan und deren Arbeitsweise aufdrücken lassen. Jeder, der zu Ihnen kommt, will etwas von Ihnen, auf Kosten Ihrer Zeit.

Sie sollten dabei beachten:

1. Besuche auf ihre Notwendigkeit hin überprüfen, wenn möglich auf schnellere und preiswertere Telefonate ausweichen.

2. Im Hause besser selbst den Partner besuchen, weil dort alle Unterlagen sind und die Besuchszeit besser zu bestimmen ist.

3 Einen »Stehkonvent« abhalten, den Besucher nicht erst hinsetzen lassen, auf Kürze drängen.

4 Das Problem für so wesentlich erklären, daß eine schriftliche Ausarbeitung mit Zielen und Wirtschaftlichkeit vorzulegen ist.

5 Nur wichtige Telefonate durchlassen, weniger bedeutende sammeln, mit Vorbereitung und Unterlagen zurückrufen.

6 In allen Bereichen Rangreihenfolgen beachten, Prioritäten setzen, die Besuchszeit vorwiegend für Bedeutendes verwenden.

7 Private Gespräche kommen immer an den Schluß. Sie sind zwar nötig, doch müssen vorher Ergebnisse vorliegen.

► Falsch ist ein zu starkes Isolieren, denn dies läßt die Unterstützung durch Partner nicht zu, ebenso falsch ist es aber, sich ausnützen zu lassen. Hier den Ausgleich zu finden, hilft eine gezielte Zeitplanung.

9.8 Zeitplanung führt zu Entscheidungen ohne Zeitdruck

Unsere Aufgabe ist es nicht nur, Zeit zu verplanen, sondern etwas zu erreichen. Dies kann Leistung, Aufstieg, betrieblicher Gewinn, mehr Freizeit, eine bessere Lebensqualität sein.

► Wie gut eine Entscheidung ist, kann immer erst die Kontrolle zeigen. Selten wird eine in Eile und unter Zeitdruck getroffene Entscheidung sehr gut sein.

Hier sind natürlich nicht nur die Entscheidungen über Prioritäten gemeint, sondern die über Investitionen, über persönliche und sachliche Fragen, die für Unternehmen wie Privatleute von größter Bedeutung sind.
Eine derartige Entscheidung muß zumindest überschlafen werden, immer wieder durchdacht und durchgerechnet, kontrolliert werden; Varianten sind zu überlegen.
Nur mit einer echten Zeitplanung – über Wochen und Monate hinweg – ist man in der Lage, die Ideallösung zu finden. Während ein Haushalt noch überschaubar ist, werden in den Betrieben Dis-

positionsrechnungen und Rangreihenüberlegungen eingesetzt werden müssen, um mit den vorhandenen Möglichkeiten und Mitteln die größte Wirkung zu erreichen.

9.9 Die bessere Einteilung der Zeit planen, steuern und kontrollieren

Wir haben die Fragen der Prioritäten, der ABC-Analyse, der Rangreihenfolgen überlegt. Wir sind aber den Beweis schuldig geblieben, wie unwiderlegbar festgestellt werden kann, daß ein Produkt besser geworden ist, ein in der Rangreihenfolge stehender Punkt den anderen überlegen ist.

► Meine Ansicht ist, daß jede Aussage, gleich ob aus dem privaten Leben oder dem betrieblichen Geschehen kommend, auf die finanziellen Auswirkungen zu überprüfen ist.

Mit einer einfachen Dispositionsrechnung ist das schnell und sicher durchzuführen. Mittels der Berechnungen der Prioritäten mit der Dispositionsrechnung ist manches große Projekt, das viel Zeit verschlungen und kaum etwas gebracht hätte, »gestorben«.

Sicher wird in Betrieben schon immer gerechnet, doch erst die einfache Dispositionsrechnung hilft jedermann, »kybernetisch« den richtigen Weg zu finden – mit dem kleinsten Aufwand den größten Effekt zu erreichen.

Die Kernfrage dieses Kapitels lautete:

»In welchen Stufen ist eine bessere Zeitplanung zu erreichen?«

Die Antwort:

» »Unser Ziel wird über Planungen, Prioritätensetzung und Aufbau von Rangreihen, realistische Einschätzung der Situation, Planung auf Lücke, Delegation und Organisation des Zeitverbrauchs erreicht; optimiert wird es aber erst durch die Dispositionsrechnung, mit der systematisch die wirksamsten Maßnahmen gefunden werden.«

CHECKLISTE:

Enthält Ihr Plan zur besseren Zeiteinteilung alle wesentlichen Gesichtspunkte?

Haben wir wesentliche Überlegungen ausgelassen? Wenn wir nur die üblichen Maßnahmen und Techniken zur Zeiteinteilung aufgelistet hätten, so hätten wir sicher Maßnahmen erläutert, die zu einem beachtlichen Erfolg führen.

Dieses Buch verspricht aber, ein »Erfolgsgeheimnis« im Rahmen der Zeiteinteilung zu verraten. Eines, das heute von einer geringen Anzahl von Unternehmen angewandt wird und das bei Privatleuten kaum bekannt ist.

Diese Checkliste beginnt deshalb bei herkömmlichen Methoden und endet beim Einsatz des Erfolgsgeheimnisses, der Dispositionsrechnung, mit der die Maßnahmen stetig optimiert werden können.

Pos.	Fragen, Fakten, Zusammenhänge	gegeben
1	Ist die Bedeutung des Zeitmanagements klar erkannt?	
2	Wurden Zeitinventuren durchgeführt?	
3	Wurde die Gesamtsituation klar analysiert?	
4	Sind die Ziele überlegt und zweckmäßig aufgestellt?	
5	Werden die Regeln der Zeitplanung eingesetzt?	
6	Sind die Tagespläne erfüllbar und praxisgerecht?	
7	Werden Zeitplanbücher planmäßig genutzt?	
8	Sind die Techniken der Schwerpunktsetzung brauchbar?	
9	Werden Leistungskurven und -rhythmen beachtet?	
10	Sind die Maßnahmen der Steuerung wirkungsvoll?	

Pos.	Fragen, Fakten, Zusammenhänge	gege-ben
11	Werden die Ergebnisse regelmäßig kontrolliert?	
12	Nutzt man das Telefon sachgerecht?	
13	Braucht man für die Korrespondenz nicht mehr als nötig Zeit und Aufwand?	
14	Nehmen Besucher nicht mehr Zeit, als es wirtschaftlich ist?	
15	Geht nicht zu viel Zeit bei Besprechungen verloren?	
16	Sind die gesetzten Prioritäten auch effektiv; ist das nachgewiesen?	
17	Wird jede vorzubereitende Maßnahme auf ihre Wirtschaftlichkeit hin untersucht?	
18	Verwendet man für alle Dispositionsrechnungen einen vergleichbaren Maßstab, damit eine echte Gegenüberstellung möglich ist?	

Der Beweis:
Wie werden Aussagen über Prioritäten belegt?

Eine Aussage, bei der die Wirkung nicht in Heller und Pfennig belegt werden kann, ist Schall und Rauch. Tragisch ist, daß nur wenige Fachleute die Zeiteinteilung mit Rendite-Rechnungen untermauern. Geschähe das, würde nicht soviel Arbeit in eine unwirtschaftliche Sache gesteckt.

Sicher ist, daß eine Fülle von anderen Faktoren ebenso wesentlich sind. Wenn aber die finanzielle Seite »nicht stimmt«, dann ist in der Regel eine Überprüfung der anderen Fakten nicht mehr von Bedeutung.

Dispositionsrechnungen werden für betriebliche und private Bereiche aufgebaut. Zuerst der betriebliche Teil.

Grundlagen:

Beurteilt werden folgende Bereiche (mit Kurzzeichen und Erläuterung):

E	Erlös	Das, was in der Kasse klingt
– M	– Material	Verbrauchte Werkstoffe
= W	= Wertschöpfung	Zwischenwert
– vK	– variable Kosten	mengenabhängige Fertigungskosten, z. B. Löhne, Lohnnebenkosten
= DB	= Deckungsbeitrag	Anteil zur Deckung der fixen Kosten und zur Gewinnbildung
– fK	– fixe Kosten	Bereitstellungskosten, zeitabhängig, weitgehend gleichbleibend
= G/V	= Gewinn oder Verlust	Überschuß nach Abzug aller Kosten

Beispiel:
Ein Unternehmen hat den Verkauf von drei Auftragsbereichen zu bearbeiten – den Aufträgen A, B und C, entsprechend der ABC-Analyse. Entsprechend des Status quo werden die drei Aufträge in einer kurzen Rechnung gegenübergestellt:

Status quo:

E	DM 1000 000	DM/h 100
– M	DM – 500 000	DM/h – 50
= W	DM = 500 000	DM/h = 50
– vK	DM – 300 000	DM/h – 30
= DB	DM = 200 000	DM/h = 20
– fK	DM – 150 000	DM/h – 15
= G/V	DM = 50 000	DM/h = 5

Die hereinzunehmenden Aufträge:

	A		B		C	
	DM	DM/h	DM	DM/h	DM	DM/h
E – M	100000 – 30000	149,92 – 44,97	100000 – 50000	100 – 50	100000 – 60000	74,96 – 44,96
= W – vK	= 70000 – 20000	=104,95 – 30	= 50000 – 30000	= 50 – 30	= 40000 – 40000	= 30 – 30
= DB – fK	= 50000 – 10000	= 74,95 – 15	= 20000 – 15000	= 20 – 15	= 0 – 20000	= 0 – 15
= G/V	= 40000	= 59,95	= 5000	= 5	– 20000	– 15
h	667		1000		1334	

Die Aussagen der kombinierten Deckungsbeitragsrechnung und der ABC-Analyse sprechen Bände. Mehr als die Gewinnsumme zeigt der Wert je Arbeitsstunde, um wieviel besser die A-Produkte sind. Der Engpaß muß nicht die Stunde sein, er kann natürlich auf den Quadratmeter Ausstellungsfläche, auf das Kapital oder einen anderen Faktor bezogen werden.

- ► Aus der Status-Quo-Rechnung kann entsprechend der »Disposition« durch die Veränderung der Faktoren praktisch jeder Betriebszustand innerhalb von wenigen Minuten errechnet werden. Es gibt keine Situation, bei der dieses Schema versagt, gleich, ob es sich um Veränderungen im Erlös, Material, den Löhnen, den Investitionen und anderen handelt.

Durch die Berechnung jeder Situation lassen sich Fehlplanungen vermeiden, unergiebige Bereiche aussondern und vieles andere mehr.

Ähnlich wird im privaten Bereich vorgegangen:

DIE DISPOSITIONSRECHNUNG IM PRIVATEM BEREICH

In diesem Fall müssen Deckungsbeitrag und ABC-Analyse auf die Problemstellungen eines privaten Haushalts umgestellt werden, zum Beispiel in folgender Weise:

E	Nettoeinkommen	eventuell auch Familieneinkommen
– AK	– Arbeitskosten	Kosten für Fahrt zum Arbeitsplatz, besondere Unterkunft, Berufsbeiträge u. a.
= W	= Wertschöpfung	Zur Verfügung stehendes Nettoeinkommen
– LK	– Lebenskosten	Kosten für Ernährung, Bekleidung, Fortbildung der Familie
= DB	= Deckungsbeitrag	Beitrag zur Abdeckung der fixen Kosten und zur Bildung eines Überschusses
– fK	– fixe Kosten	Kosten für Miete, Haushypotheken, sonstige fixe Kosten
= Ü/V	= Überschuß oder Verlust	Zur freien Verfügung stehende Gelder, z. B. für Urlaub, Hausbau und die Erfüllung sonstiger Wünsche

Daraus ergeben sich die Berechnung des Status quo und die Dispositionsrechnung, hier dargestellt anhand der Auswahl neuer beruflicher Positionen.

Beispiel:

Bei der Position A wird ein wesentlich höheres Gehalt geboten, dafür entstehen aber Probleme in der Unterbringung beziehungsweise beim Umzug.

Die Position B bietet ein geringeres Gehalt, dafür bessere Arbeitsbedingungen und niedrigere Lebenshaltungskosten.

Hier wurden der Überschaubarkeit halber zuerst Monatswerte eingesetzt, in der beruflichen Wirklichkeit sind Jahreswerte vorzuziehen; Auskunft gibt die Lohnsteuerkarte.

Status quo	Nettowerte in DM	Einsatzzeit je Monat in Stunden = 150 h
	DM	DM/h
E	4000	26,66
– AK	– 500	– 3,33
= W	= 3500	= 23,33
– LK	– 1500	– 10
= DB	= 2000	= 13,33
– fK	– 1200	– 8
= Ü/V	+ 800	= 5,33
Jahreswert Sonderzahlungen	9600 4000	
Gesamt bei 10 Jahren rund DM 136 000 Überschuß	13 600	

Nun zu den neuen Stellenangeboten:

	A		B	
	Nettowerte in DM = 200 h/Monat		Nettowerte in DM = 150 h/Monat	
	DM	DM/h	DM	DM/h
E	5000	– 25	4500	30
– AK	– 1000	– 5	– 300	– 2
= W	= 4000	= 20	= 4200	= 28
– LK	– 1500	– 7,50	– 1400	– 9,33
= DB	= 2500	= 12,50	= 2800	= 18,67
– fK	– 1200	– 6	– 800	– 5,33
= Ü/V	= 1300	= 6,50	= 2000	= 13,34
Jahreswert Sonderzahlungen	15 600 5 000		24 000 4 500	
Gesamt bei 10 Jahren	20 600 206 000		28 500 285 000	
Differenzen zum Status quo:	+ 70 000		+ 149 000	

Die einfache Berechnung zeigt, daß das Angebot mit dem niedrigerem Nettogehalt letztlich das bessere war.

Natürlich müssen zusätzliche Faktoren berücksichtigt werden. Für »häusliche Typen« kann von großer Bedeutung sein, daß ein Aufstieg in der Firma vor Ort möglich ist, für andere wieder, daß eine niedrig honorierte Position ein erstklassiges Sprungbrett für eine große Karriere ist.

Doch auch das kann man berechnen!
Mit der aufgeführten Dispositionsmethode wird das als Beurteilung herangezogen, was wir Umsatzrendite nennen. Sicherer und besser ist eine Kombination, bei der die Rendite des eingesetzten Kapitals Basis einer jeden Beurteilung ist.

Hier liegen für private und betriebliche Bereiche über 500 Musterrechnungen vor – sicher ein Buch für sich. Denn eine jede Aussage kann in ihrer Wirkung auf die Gewinnbildung und in erweiterter Form auf die Kapitalrendite in Minutenschnelle berechnet werden.

▶ Erst dann, wenn die Aussagen der Zeiteinteilung klar nach ihren Wirkungen beurteilt und die wirkungsvollsten vorgezogen werden, erst dann wird die Zeiteinteilung zum echten Erfolgsbringer.

Zehn Ratschläge für ein erfolgreicheres Zeitmanagement

»Zusammengepreßt« auf den Kern der Aussage lauten die Empfehlungen:

1 Die Steigerung der eigenen körperlichen und geistigen Leistungsfähigkeit schafft die Grundlage, mehr in weniger Zeit zu leisten.

2 Eine sorgsame Planung – von der Lebensplanung bis zum Detail – schützt vor der Verzettelung und vor Zeitverlusten durch abgebrochene Maßnahmen.

3 Störungen sind so weit wie möglich zu eleminieren, denn sie nehmen nicht nur Zeit für große Aufgaben, sondern auch die Kraft und den Elan.

4 Zur Zeitplanung muß eine gute Steuerung des Zeitverbrauchs kommen, sollen unsere Ziele auch im vorgesehenem Zeitraum erreicht werden.

5 Lernen Sie die Ihnen verfügbaren ergonomischen Techniken, um mit weniger Kraft mehr zu erreichen und so Zeit einzusparen, die für wichtigere Angelegenheiten eingesetzt wird.

6 Die Menschenkenntnis und der Umgang mit Menschen ist zu optimieren, um immer Hilfe zu erhalten sowie um Behinderungen zu vermeiden.

7 Barrieren bei uns selbst und durch andere sind vor allem durch geschickte Argumentation und Motivation zu beseitigen.

8 Kämpfen Sie sich von Überlastungen frei, denn sie mindern Ihre kreativen Fähigkeiten. Lernen Sie delegieren, dabei aber auch Verantwortungen abzutreten.

9 Lernen Sie moderne Geräte und Organisationsmethoden einzusetzen und zu nutzen, wo sie einen Zeitvorteil oder andere Vorzüge bringen.

10 Belohnen Sie sich und andere bei jedem Erfolg. Erfolgserlebnisse werden durch eine besondere Freude beziehungsweise Belohnung verstärkt und führen zu neuer, wirksamer Motivation.

Probieren Sie die zehn Grundsätze aus! Sie werden Ihre Wünsche schnell und sicher zur Realisierung bringen.

Anhang

Literaturverzeichnis

Die bedeutende Literatur zu Zeiteinteilung und mehr Leistung in weniger Zeit, zu den nötigen Führungstechniken und Maßnahmen umfaßt rund 200 deutschsprachige Titel aus den letzten zehn Jahren.
Hier sollen nur die Bücher aufgeführt werden, die zur Vertiefung und Erweiterung »fast unverzichtbar« sind. Sie können helfen, ein umfassenderes Verständnis zum Problem Zeitmanagement zu erreichen.

Cooper, Josef D.: »So schafft man mehr in weniger Zeit«; moderne verlagsgesellschaft mbH, Landsberg

Dittrich, Helmut: »100 Chancen, Kosten zu senken«; Heyne

Dittrich, Helmut: »Mehr Erfolg bei Prüfungen«; ECON-Ratgeber

Lanner, Helmut: »Prüfungen – mit Erfolg«; Humboldt

Mackenzie, R. Alec: »Die Zeitfalle – sinnvolle Zeiteinteilung und Zeitnutzung«; Sauer

Müller-Klement, K. G./ Seiwert, L. J.: »Zielwirksam arbeiten – Technik, Methodik und Praxis des persönlichen Zeitmanagements«; Expert-Verlag

Seiwert, Lothar J.: »Das 1 x 1 des Zeitmanagements«; Droemersche Verlagsanstalt

Seiwert, Lothar J.: »Mehr Zeit für das Wesentliche«; moderne industrie AG & Co.

Siewert, Ullrich: »Mehr Zeit für das Wichtige – Prinzipien, Methoden, Techniken«; ECON

Register

humboldt-taschenbücher

Praktische Ratgeber

Haushalt
Partybuch (231)
Küchenkräuter-Garten (476)
Küche und gesunde Ernährung (482)
Advent u. Weihn. feiern (511)
Kaufberater Biokost (608)

Getränke
Mixgetränke (218)
Deutsche Weine (361)
Alkoholfreie Mixgetränke (396)

Kind und Erziehung
Vornamen (210/505)
Unser Baby (233)
Schwangerschaft/Geburt (392)
Schwangerschafts-Gymnastik (468)
Gymnastik f. Baby u. Kleinkind (602)

Tips für Kinder
Kinderspiele (47)
Was Kinder basteln (172)
Was Kinder raten (193)

Gesundheit
Erste Hilfe (207)
Kneippkur (230)
Autogenes Training (336)
Rückenschmerzen (339)
Guter Schlaf (354)
Heilmassage (355)
Rheuma (364)
Allergien (365)
Sauna (406)
Heilfasten (407)
Kopfschmerzen (408)
Naturheilkunde (410)
Entspannungs-Training (430)
Depressionen (431)
Bandscheibenbeschwerd. (442)
Schluß mit dem Streß! (452)
Frauenkrankheiten (455)
Selbsthilfe durch Autogenes Training (466)
Elektro-Akupunktur (480)
Kranke Seele (484)
Biorhythmus (494)
Gesund + fit (501)
Autogenes Training und Meditation (510)
Häusliche Krankenpflege (516)
Hämorrhoiden + Darmleiden (518)
Chinesische Atem- und Heilgymnastik (534)
Homöopathie (553)
Haus- und Heilmittel (562)
Erfolgsgeheimnis Selbsthypnose (571)
Schluß mit dem Rauchen! (572)
Ratgeber Wechseljahre (589)
Rezeptfreie Medikamente (593)
Aktiv gegen den Krebs (598)
Ratgeber Heuschnupfen (605)
Abwehrkräfte stärken (616)
Kinderkrankheiten (619)

Schönheit
Schönheitspflege (343)
Welche Farben stehen mir? (577)

Praktische Lebenshilfe
Leichter lernen (191)
Traumbuch (226)
Reden f. jeden Anlaß (247)
Handschriften deuten (274)
Angst erkennen (276)
Gästebuch (287)
Gutes Benehmen (303)
Partnerwahl (312)
Gedächtnis-Training (313)
Superlearning (491)
Testament und Nachlaß (514)
Unterhalt zahlen (515)
Hochzeitsratgeber (529)
Prüfe Deine Menschenkenntnis (531)
Mietrecht knapp + klar (532)
Schlankwerden (550)
Ernährungsratgeber (586)
Yoga für Frauen (588)
Körpersprache (590)
Behörden-Wegweiser (592)
Das korrekte Testament (594)
Weniger Steuer zahlen (595)
Flirten – aber wie? (606)
Selbstsicher – selbstbewußt (609)
Teste deine Allgemeinbildung (618)
Positiv denken und leben (622)
1000 Ideen für fröhliche Feste (623)
Rhetorik (627)

Computer
Datenverarbeitung (200)
Mikroprozessoren (338)
Tischcomputer (415)
BASIC Anfänger (456)
Bildschirmtext (457)
BASIC Fortgeschrittene (496)
BASIC-Dialekte (524)
Lernen mit dem Homecomputer (525)
Spielend Programmieren (526)
Programmiersprache PASCAL (551)
Richtiger Computer (564)
Bausteine für BASIC-Programme (591)

Briefe schreiben
Geschäftsbriefe (229)
Komma-Lexikon (259)
Briefe besser schreiben (301)
Liebesbriefe schreiben (377)
An Behörden schreiben (409)
Gutes Deutsch – der Schlüssel zum Erfolg! (535)
Musterbriefe für den persönlichen Bereich (538)
Dichten und Reimen (545)
Fehlerfrei schreiben (615)

Beruf
Buchführung (211)
So bewirbt man sich (255)
Eignungstests (463)
Existenzgründung (498)
Sich bewerben und vorstellen (537)
Eignungs- und Persönlichkeitstests (548)
Arbeitszeugnisse (573)
Prüfungen – mit Erfolg! (582)
Arbeitslos – was nun? (597)
Berufe mit Zukunft (604)
Erfolg ist trainierbar (614)
Erfolgsgeheimnis Zeiteinteilung (624)

Zimmerpflanzen/Blumen
Zimmerpflanzen (270)
Kakteen (271)
100 schönste Kakteen (370)
Die schönsten Zimmerpfl. (428)
Wenn Zimmerpflanzen nicht gedeihen (549)
Zimmerpflanzen selbst ziehen (585)

Haustiere
Katzen (212)
Dackel (224)
Schäferhunde (298)
Wie erziehe ich m. Hund (371)
Aquarienfische (447)
Katzenrassen (506)
Welcher Hundetyp (512)
Meine Wohnungskatze (536)
Was will meine Katze mir sagen? (557)
Meine kranke Katze (611)

Kochen

Küchentips
Schnellkochtopf (251)
Milch, Quark, Joghurt (440)
Vegetarische Küche (503)
Vollwertkost (504)
Wildpflanzen-Gerichte (523)
Plätzchen, Pralinen, Salzgebäck (544)
Brotbacken (576)
Mikrowelle (599)

Diät/Leichte Kost
Diät f. Diabetiker (257)
Diät f. Leber/Gallenkr. (260)
Schlankheitsküche (316)
Diabetiker-Backbuch (570)

Kalte Küche
Salate (286)

Fleisch- u. Fischgerichte
Fondue (294)

Nachspeisen
Eisspezialitäten (554)

Ausländische Küche
Ital. Küche (328)
Chines. Küche (366)
Franz. Küche (405)

Freizeit-Hobby-Quiz

Mein liebstes Hobby
Mein Aquarium (272)
Pfeiferauchen (318)
Deutsche Volks- und Wanderlieder (331)
Tanzen (362)
100 Volkslieder aus aller Welt (400)
Elektron. Bauelemente (414)
Kegelspiele (487)
Folkgitarre (555)
Elektron. Basteln (560)
Schöne Lieder für Kinder (610)
Humboldt-Briefmarkenbuch (620)

Handarbeiten
Stricken (315)
Schönste Strickmuster (492)
Weben (513)
Häkelmuster (521)
Wir stricken und häkeln für Kinder (542)
Patchwork (559)
Puppenkleider selbst nähen (569)
Sticken (612)